SCHOOL OF FINANCE

理财学院

互联网理财
一本通

杨小丽 / 编著

中国铁道出版社有限公司

CHINA RAILWAY PUBLISHING HOUSE CO., LTD.

内 容 简 介

本书从基础的理论知识引导读者进行网上理财，对各种网上理财工具的使用方法和具体操作步骤进行了详细介绍。

全书共 11 章，主要内容包括网上理财的前期准备、网银、支付宝、理财通和京东钱包、众筹、P2P、股票、基金、保险、信托及贵金属、外汇和期货理财等理财工具，进行深入讲解，层层递进，让投资者经历一个由浅入深的学习过程。

本书实用性强，表达轻松，注重知识点间的逻辑关系。使用"提示注意"板块，不仅防止读者产生阅读疲劳，而且使内容更加充实。本书适合经常上网同时又有理财需求的人，以及家庭理财有需求的人也可以参考本书的内容。另外，本书还可作为刚有理财想法而还没有进行过理财的入门投资者的参考用书。

图书在版编目（CIP）数据

互联网理财一本通/杨小丽编著. —北京：中国铁道出版社，2017. 10（2022. 1重印）

（理财学院）

ISBN 978-7-113-23137-8

Ⅰ. ①互… Ⅱ. ①杨… Ⅲ. ①互联网络-应用-私人投资-基本知识 Ⅳ. ①F830. 59-39

中国版本图书馆CIP数据核字（2017）第114659号

书　　名	理财学院：互联网理财一本通
作　　者	杨小丽

责任编辑：张亚慧　　　编辑部电话：（010）51873035　　　邮箱：lampard@vip. 163. com

封面设计：MX DESIGN STUDIO

责任印制：赵星辰

出版发行：中国铁道出版社有限公司（100054，北京市西城区右安门西街 8 号）

印　　刷：佳兴达印刷（天津）有限公司

版　　次：2017 年 10 月第 1 版　　2022 年 1 月第 2 次印刷

开　　本：700 mm×1 000 mm 1/16　**印张**：16. 25　**字数**：231 千

书　　号：ISBN 978-7-113-23137-8

定　　价：45. 00 元

前 言

P R E F A C E

　　如今全社会已进入了互联网时代，上网看新闻、看电视、看电影、查资料、交友聊天等。而与老百姓生活息息相关的理财，也逐渐与互联网紧密地联系起来，越来越多的人体会到了互联网理财带来的好处，比如便捷的理财操作、多样化的理财产品，以及即时可观的收益等。越来越多的人对互联网理财开始有了新的认知。

　　然而互联网理财的多样性和虚拟性，使得互联网理财并不像去银行存钱那么简单，一不留神可能就会使资产蒙受损失。

　　在这些现实情况下，投资者急需学习一些互联网理财的知识和操作，比如互联网理财产品的选择、互联网理财如何操作以及互联网理财的赚钱技巧和风险防范措施等。本书就是为了满足投资者的这些需求而编写的，通过对本书的学习，投资者可以轻松解决上述问题，让自己的理财之路更加顺利，并在理财过程中收获理想的投资收益。

本书分 3 部分共 11 章，具体各章内容如下。

◎ 第一部分：第 1~2 章

本部分内容主要介绍了网上理财的前期准备，以及如何在家中通过网银进行理财。

◎ 第二部分：第 3~4 章

本部分内容主要讲解了支付宝、理财通和京东钱包等大型互联网平台的理财产品。从最贴近人们生活的理财产品和方式入手，让读者快速进入到移动互联网理财的实战中。

◎ 第三部分：第 5~11 章

本部分内容主要介绍了比较新颖的理财方式，如众筹、P2P 借贷和信托。另外还介绍了高风险高收益的股票、基金、贵金属、外汇和期货等理财工具，以及不像理财的理财工具"保险"。在介绍这些理财工具的时候，将投资风险和防范措施也一同进行了讲解。

本书语言逻辑严谨，表达清晰，采用理论知识与实际操作及案例相结合的学习方式，帮助读者更好地将理财的概念运用到实际理财中。书中使用了表格、图示和提示等栏目样式，使本书更加具有趣味性，避免产生枯燥感的同时还丰富了知识，让投资者可以更好地进行系统的学习。

本书写作过程注重前后文的衔接，帮助读者加深对相关知识的记忆。根据本书涉及的内容，读者群定位为经常上网并有理财需求的人。除此之外，本书还适合有家庭理财需求或者初涉理财活动并想要好好学习理财知识的人。

最后，希望所有读者能够从本书中获益，在实际的理财活动中获得理想的收益。由于编者能力有限，对于本书内容不完善的地方希望获得读者的指正。

编 者
2017 年 7 月

目 录

C O N T E N T S

---

01 .PART. 互联网理财的前期准备

随着互联网技术的发展，传统的金融业开始和互联网"联姻"，即互联网金融。而理财是互联网金融中的重头戏，以"门槛低、收益高、产品多、成本低"为特色的互联网理财平台吸引着很多网民参与其中。

02 .PART.

谁说宅在家里不能理财

互联网的普及，让理财产品已经不再神秘，很多"草根"用户都能够参与到理财大军中，形成了全民理财的局面。而网银理财是大众理财常用的渠道。

03
.PART.

开创移动理财新纪元——支付宝

在移动互联网时代，投资者的理财方式也发生了一定的变化。投资者在移动智能终端理财成为当前的大趋势，在手机上能够查看到各类产品的信息，方便、快捷而安全地实现全民理财。

04
.PART.

联合抗衡支付宝——理财通和京东钱包

随着利率下行，年化收益率 4% 以上的理财产品已经成为稀缺品。不少投资者甚至到银行排队去抢，因为理财产品数量有限，仅有小部分投资人能够抢到。鉴于此，投资者如何才能获得稳健的高收益理财产品呢？微信理财和京东金融这两个平台也许可以作为选择。

4.1 玩微信的同时也能赚钱 /80

4.2 京东钱包，潜力无限的理财平台 /92

05 .PART.

"互联网+"时代理财新思维——众筹

"互联网+"是互联网发展的一种新业态,也是一种经济社会发展的新形态,"互联网+"就是"互联网+各个传统行业",为经济发展提供广阔的网络平台,从而带动社会经济实体的生命力。在这样的局势下,新型贷款筹资方式——众筹便应运而生。

06 .PART.

野百合也有春天——P2P平台

随着经济市场的发展,越来越多的互联网平台开始了自己的理财之路。不仅众筹平台可以理财,就连P2P这样的借贷平台也开始向投资者提供了理财的渠道,打破了P2P借贷的运营瓶颈,让P2P平台重新焕发经济活力。

07
.PART.

最普遍的理财工具——股票

股票投资应该是目前大众都比较熟悉和普遍采用的理财工具，但并不是任何人随便就能做好股票投资。股市的风险远比债券和储蓄等理财工具高得多，但为了获取高收益，还是有很多人投入到股票投资市场中。为了保障投资收益，投资者需要深入了解股市的相关知识。

08 .PART.

专业人士带你赚钱——基金

基金是风险比较高的一类理财工具，很多投资者在基金投资中栽了跟头，因此，开始有投资者不愿意再进行基金理财。其实，基金理财过程中是有专业人士帮助投资者的，不管是投资组合的决策还是投资时间等计划，都有专业的基金经理协助投资者完成，让基金的高风险不再可怕。

09 .PART.

收益与平安双赢的理财——保险

很多人对保险的认识就是"烧钱"，认为买保险就是让钱打水漂。但随着理财型保险的出现，购买保险不仅能保人平安，还能实现理财收益。因此很多投资者转向保险投资理财，但都并不擅长。投资者到底怎么样选择保险？遇到理赔时要注意什么？

10 .PART. 收益与信用价值双重回报——信托

　　信托和常见的储蓄、股票及债券等一样，也是一种理财方式。但普通投资者很少接触信托，因此对信托的了解少之又少。信托业务是一种以信用为基础的法律行为，一般涉及三方面当事人，即投入信用的委托人、受信于人的受托人及受益于人的受益人。所以，信托同时具有金钱收益和信用价值回报。

11 .PART. 其他理财方式——贵金属、外汇和期货

　　各类理财产品争奇斗艳，除了债券、股票、保险和P2P借贷以外，还有一些普通投资者不常运用的理财工具，如贵金属、外汇和期货等。这些理财工具的风险很高，并且投资过程需要掌握比较专业的技术，否则投资很难成功。因此这些理财工具可作为投资者学习或投资的参考。

认识互联
网理财

互联网理
财的学问

互联网理财
的陷阱

互联网理财的前期准备

随着互联网技术的发展，传统的金融业开始和互联网"联姻"，即互联网金融。而理财是互联网金融中的重头戏，以"门槛低、收益高、产品多、成本低"为特色的互联网理财平台吸引着很多网民参与其中，但是如果理财之前没有进行充分的准备，很容易陷入互联网理财的陷阱中。

¥ ¥

🌐 1.1　解密互联网理财

> 互联网理财已经成为现代生活中不可缺少的部分，所以投资者在进行互联网理财之前，应该熟悉互联网理财的相关基础知识，包括互联网理财的方法和理财工具的使用。

1．什么是互联网理财

互联网理财是指投资者通过互联网渠道获得平台提供的理财服务或者是金融资讯，投资者根据当前自身的投资需求来合理安排资金，以实现个人收益最大化的行为。相对于传统的理财方式而言，互联网理财具有无可比拟的优势。

- ◆ **门槛优势**：传统理财的门槛高，理财金额高，很多小投资者因此被拒之门外。而互联网理财在满足了高额投资者需求的同时，又照顾了小额投资者的理财需求。互联网理财的门槛低，起投点低，激发了小额投资者的投资热情。

- ◆ **信息优势**：传统理财方式的信息极为不对称，投资者获取到投资信息很困难，导致很多投资者错失投资机会。但是互联网理财借助互联网传播信息广泛而快速的特点，使得投资者可以在最短时间内获取最新的信息。

- ◆ **服务优势**：通常情况下，传统理财渠道都是线下网点，客服人员的工作时间是周一到周五的 9:00 ～ 17:00，客服的服务时间有限。但是互联网理财则可以为投资者提供全天候 7×24 小时的在线服务，完全满足投资者的咨询需求。

◆ **效率优势**：传统的理财会有很多烦琐的流程，例如，投资时间、搜集信息、研究行情以及选择投资产品等。但是在金融领域中，时间就是金钱。互联网理财可以省去大量的不必要的流程，节省时间，提升理财效率，使得投资者处处掌握先机，提高投资者的应变能力。

◆ **收益优势**：收益是吸引投资者参与到投资活动中最主要的因素。互联网理财的收益率往往是传统理财的很多倍，因此，互联网理财快速地吸引了大批的投资者。

随着互联网金融业的发展，互联网理财为投资者提供了极为方便的投资途径，逐渐被更多的投资者接受。但投资者在面对海量的金融信息和瞬息万变的金融市场时，只有充分掌握了互联网理财的知识才能处处把握先机。

2. 互联网金融赚钱的工具

互联网金融作为一种革命性的新型力量，为各行各业的高速发展铺垫了一条康庄大道，因此，投资者利用互联网金融赚钱的方法有很多，具体如下所示。

◆ **网上银行**：个人网银是个人理财的重要渠道之一。在各大银行的官网中，为投资者提供了各种理财产品和各种解决方案，且还提供在线咨询和技术支持。

◆ **第三方支付平台**：第三方支付平台帮助投资者成功实现了在手机中理财，例如支付宝、财付通和京东白条等。平台为投资者提供了收益高于传统理财方式的理财产品，方便不同需求的投资者理财，且设置了完善的理赔保证制度。

◆ **众筹**：是新型的理财方式，众筹作为创业型企业和个人的项目筹集资金的重要渠道，由发起人、投资者和众筹平台构成，而投资者可以选择任何项目进行投资，且能获得较为丰厚的回报。

◆ **股票**：属于一种高风险高收益的投资方式，投资者在了解了与股市相关的知识之后再进入股市，也能够快速地在股市中获得一定的收益。

◆ **基金**：基金也是一种高风险高收益的投资方式。投资者需要了解基金分类、形式、买卖流程以及投资风险等相关知识，确保基金投资不亏本，甚至是稳赚不赔。

◆ **保险**：保险投资已经不再是传统意义上的保险购买活动。保险投资是指投资者在享受保险带来的保障的同时，也能够获得相应的投资收益。

◆ **P2P 平台**：P2P 是民间小额借贷模式，投资者将闲置资金通过 P2P 平台借给有资金需求的人群。由于投资的收益普遍高于其他模式，因此，P2P 平台也是大众理财的重要渠道。

◆ **信托**：是一种比较特殊的理财方式。信托财产将零散的资金汇聚起来，由具有丰富经验的行业专家或者机构运用于理财工具或者是实业投资，最终实现资产的增值。

◆ **贵金属、外汇和期货**：这 3 种投资方式属于中高端投资。要求投资者具备相关领域的实操经验，包括交易市场、实盘交易、虚盘交易、盈亏计算和技术分析，并且还需要对于相关的政策和法律法规有一定认识。

1.2 小理财，大学问

> 在投资理财中，即使是一款小小的理财产品，也包含了大的学问，投资者需要深入了解每款产品的产品类型、投资周期、赎回方式和收益回报等。投资者了解基本的互联网理财法则，制订理财规划，不盲目理财。通过选择适合自己的理财方式，提升对投资风险的把控能力，最终获得更多的收益。

1. 互联网理财的基本原则

互联网金融的发展非常快，各种类型的投资理财信息充斥在生活中，而部分经验欠缺的投资者就会被高息所吸引，忽略了投资的风险。要避免出现这种情况，投资者需掌握一定的投资原则，具体内容如下。

■ 组合原则，分散投资的风险

组合投资是指投资人为了分散投资的风险，持有股票、债券、基金和保险等多种理财产品。一方面能获得多渠道的收益，另一方面，通过对比可筛选出最佳的理财渠道。

小明是一名初中生，他的母亲是一位中学老师，父亲是一位建筑工程师。随着家庭月收入的提升，小明的母亲决定将每月剩余的收入进行投资理财。

为了分散投资的风险，小明的母亲将10%的收入用于股票投资，10%的收入用于保险投资，10%的收入用于基金投资，20%的收入用于购买国债，剩余20%则用于购买小明的教育保险。

■ 二八原则，避免盲目跟风投资

二八原则又被称为二八定律或二八法则，是 20 世纪初意大利经济学家帕累托提出来的，在他看来："在任何特定的群体中，关键因素只占据少数，而不重要的因素占据了多数，只需要控制具有关键性的少数因素就能控制全局。"该理论发展至今，已经演变成众所周知的经典法则，且被广泛应用于各行各业中。

小李是某高校的大二学生，他听说炒股赚钱，于是，一时脑热，将 3 个月的生活费和零花钱全部投入到股市中。但是，入市第三天，股价开始狂跌。一个月后，股市仍无好转之势。小李暗悔不已，身无分文的他不得不低价将股票抛出去。

小李向金融学院的教授请教，教授帮他解开了疑惑："二八原则在股市中同样适用。在炒股大军中，只有 20% 的投资者能赚钱，80% 的投资者都在亏钱，而这 20% 的投资者大部分都是有资本、有经验且懂股市的人，剩余的 80% 则刚好相反。"

■ 复利原则，钱生钱的宝典

爱因斯坦认为：复利比原子弹更有威力。何为复利？复利是指每经过一个计息期后，将所获得的本息作为下一计息期的本金。通俗来说，就是"利滚利"。复利能够带来巨大的财富裂变，是投资者获得利润回报的重要利器。

著名的股票投资家彼得·林奇在《选股战略》中讲解了一个经典的复利原则案例：1626 年，一批新移民用价值 24 美元的商品从印第安人手中买下了曼哈顿岛。在 300 多年后，当人们再谈论起这桩买卖时，纷纷嘲笑土著人的愚蠢，但经过计算，结果却令人目瞪口呆。

如果新移民买下曼哈顿岛，在 1926 年，曼哈顿岛的现值估价超过

500 亿美元；而第二种情况是，如果土著居民将价值 24 美元的商品存入银行，按照 8% 的复利率计算，300 年过后，资金价值超过 25 万亿美元。后者所获得的回报几乎是前者的 500 多倍。

■ 杠杆原则，草根变土豪的专属通道

杠杆投资原则是指衍生金融工具杠杆，通过期货、期权和保证金交易等金融交易工具实现投资杠杆化。在金融投资中，杠杆化是指任何能够放大收益和损失的技术，也就是"以小博大"。

在牛市期间，杠杆投资原则能扩大投资效果。市民小王将 60 万元（10 万元自有资金和 50 万元贷款）投入股市，股票的市值在一周内上涨 20%，最终在合适的时间出售股票，收回本金和收益共 80 万元。

假设贷款的年利率为 15%，贷款利息和平台手续交易费也不会超过 5000 元，那么小王所获回报至少为 $80-50-0.5=29.5$（万元）。投资回报率高达 195%。

以上所讲述的投资原则是比较基础性的，投资者在实际的投资操作过程中可能还会遇到各种复杂的情况，但是通过不断积累投资经验，也可以迅速从理财小白成长为理财高手。

2. 制订理财的规划书

理财不单单是购买理财产品，准确来说，购买理财产品只是理财的一部分内容。理财是一项复杂的"工程"，投资者需要制订科学合理的理财规划来获取投资收益。

那么，投资理财规划应该怎么制订呢？如图 1-1 所示是投资者制订理财规划的步骤。

第一步	明确当前所处的人生阶段以及理财目标。例如，单身阶段理财顺序为：资本增值—节省开支—意外保险；成家立业后，理财顺序为：购房供房—子女教育险—意外险等。
第二步	了解自身的投资风险偏好。风险偏好是投资者性格特征的表现，一般来说，投资者风险偏好大致可分为5种类型：非常保守型、温和保守型、中庸稳健性、温和进取型和非常进取型。
第三步	综合考察各类理财产品。市场的理财产品五花八门，投资者需要多维度进行考察，包括理财平台背景、理财产品的收益率、理财周期、产品的风险、购入和赎回流程及平台手续费等。
第四步	进行合理的资产安排和分配。投资者在明确了所处的理财阶段和个人风险偏好后，选择适合自己的投资产品，明确各类投资理财产品的期望收益值，寻找出资产的最佳组合方式。

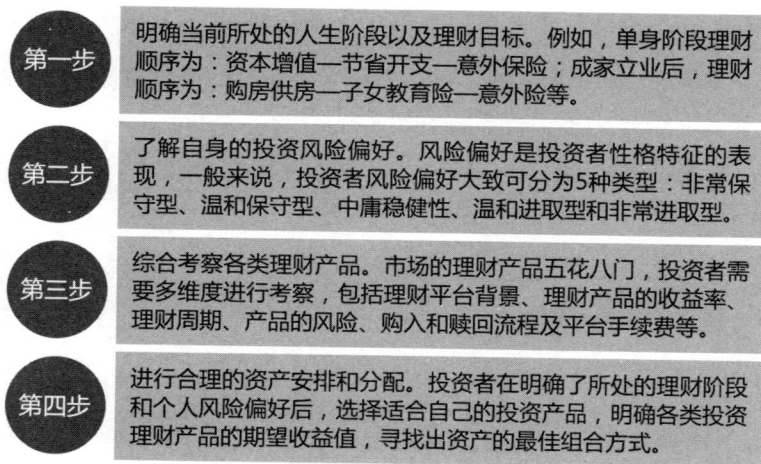

图 1-1　制订理财规划的步骤

投资者通过制订理财规划，能够合理地分配资产，获得更佳的组合理财方式。通常情况下，任何组合理财方式都是仅适用于当前投资环境和个体，不具有绝对的参考性。因此，投资者面对不同的投资环境，需要及时调整自己的理财规划。

3. 选择适合的理财方式

风险偏好是指投资者为了实现投资目标，在不确定投资风险时所持的态度。而在上一小节中提到了投资者风险偏好的分类，主要分为非常保守型、温和保守型、中庸稳健型、温和进取型和非常进取型。

投资者在了解了自身的风险偏好后，有针对性地选择最佳的理财方式。下面将对这5种类型的风险偏好逐一讲解。

◆ **非常保守型**：这类投资者在任何投资中，稳定是首要考虑的。风险承受能力低。希望在保证本金安全基础上能够有部分增值收入，对投资回报率要求不高。理财建议，选择低风险、高流动性的投资品种，例如国债、存款、保本型理财产品和投资连结保险等。

◆ **温和保守型**：这类投资者偏向于保守型，对风险的关注放在第一位，在众多理财产品中更愿意选择低风险中等收益的结构性理财产品。理财建议，选择低风险中等收益的理财品种，例如国债、保本型理财产品等。

◆ **中庸稳健型**：这类投资者属于比较理性的投资者，既不追求高收益，又不过度"保守"，往往会分析不同的投资市场，从中寻找风险适中、收益适中的产品，进而获取高于平均水平的收益。理财建议，采取组合方式将高、中、低的产品搭配平衡，例如外汇、股票、基金和国债等。

◆ **温和进取型**：这类投资者具有一定的资产基础、投资理财知识和风险承受能力，愿意承担一定的风险追求较高收益。理财建议，选择中高等级的理财品种，以一定的可预见风险换取超额收益，例如股票、基金和新型汽油投资等。

◆ **非常进取型**：这类投资者是相对比较年轻、有专业知识技能、敢于冒险且社会负担较轻的人士，在投资收益波动较大的情况下，仍能保持积极进取的投资心态。理财建议，选择灵活且风险与收益都较高的理财品种，例如期货、外汇、股权和黄金等。

每个投资者在实际的投资过程中，都需要根据个体的风险偏好进行投资。例如，小高是一个年收入 8 万元的白领，风险偏好为温和保守型，那么，他的资产按照这样的分配方式比较合理：银行存款占比为 15%，债券类产品占比为 30%，保本保险类产品占比为 35%，基金类产品占比为 15%，P2P 平台贷款类产品占比为 5%。

🌐 1.3　互联网理财的陷阱，坑你没商量

> 近年来，随着家庭居民财富的增加，不少人将多余的资金用于投资，以获取更多的收益，但是市场中的理财产品鱼目混珠，很容易使投资人血本无归。因此，在本节内容中将讲解常见的互联网理财陷阱，帮助投资人识别陷阱，理性投资。

1．故弄玄虚，"创造"高大上的背景

部分不法集资平台为了吸引投资者的注意，往往会在背景上动手脚，故意"创造"出高大上的背景，获取投资者的信任。但是实际上，往往是筹集到资金后就跑路，给投资者造成巨大的经济损失。

李大爷是北京某单位的退休职工，每月都领取一定数额的养老金和退休金。最近，李大爷在网上看到一款理财产品的年化收益率高达18%，通过查看公司的网站，公司创始人是××的创始人××。因此，李大爷就放心地将养老金投入到平台之中，满心以为在一年后能够获得一笔不菲的收益。

但是不久后，新闻上就爆出："北京一家P2P公司非法集资，诈骗6000余人，诈骗金额超过3.3亿元。"李大爷一看新闻，就知道自己上当了，悔恨不已，连忙去派出所报警。

通过上述案例可大致看出一些端倪：第一，产品的年化收益率高达18%，在现阶段的市场经济环境中，企业一年的盈利能力约为5%～15%，

在短周期内根本不可能存在这种暴利的营收。

第二，故意利用知名人士为噱头，骗取投资者的信赖，进而骗取大量的钱财。因此，投资者在选择投资平台的时候一定要核实背景，切不可被不法分子"创造"的虚幻背景所迷惑。

【提示注意】
投资者在核实 P2P 平台的背景时可以直接查看公司的 ICP 许可证。ICP 许可证是指一般性经营网站的主办者向当地相关机构申请的证书证明。根据国家《互联网信息管理办法》的相关规定，P2P 平台必须持有 ICP 许可证，否则就属于非法经营。

2. 皮包公司改头换面，卷土重来继续骗钱

从事非法业务和欺诈活动的皮包公司一旦被揭穿骗局之后，就会立刻改头换面，成立一家新的公司来继续诈骗。而很多投资人在不了解真实情况的前提下，很容易再次被骗取钱财。

2012 年，深圳警方开展"猎鹰行动"，突袭了深圳福田区的大中华国际交易广场的"国宏国际集团"的办公场所，抓获 6 名涉案人员，一年内非法聚集资金高达 10 亿元，超过 6 万名受害人被骗。

国宏国际集团的营业执照被北京工商局吊销之后，继续改头换面，摇身一变为"国宏金桥"。在网上大肆发布虚假的信息，打着"国宏众筹"的名义敛财，该公司甚至称众筹项目是国家发改委、中国人民银行、文化部和农业部等多个单位共同发起的。在如此"包装"的背景下，导致数万名不明真相的投资人上当受骗。

通过上述案例分析可知，普通的投资者很难识别出这种"换马甲"的陷阱，因此，投资人在投资前一定要核查清楚平台的背景，包括已公开的

股权结构、资质报告、工商注册信息等。

此外，由于犯罪分子抓住了投资者选择专业官方平台的心理，在改头换面之后，故意打着与国家机关部门"合作"的幌子，骗取投资人的信任，卷土重来继续诈骗钱财。但是实际上，国家机关部门是不可能与私营企业合作经商的，即使是众筹，也需要符合国家的法律法规，私自众筹很有可能会触碰到法律的红线。

3．规避高息诱惑，特别是逆势高息

因为投资回报是投资者选择投资工具的重要依据，所以有的不法集资平台就利用高息诱惑投资者，承诺理财产品周期短、回报高，部分投资者经不起诱惑而"接盘"。

网贷平台 Hi 投吧在出现提现困难的时候采取了临时的提现办法，规定："每位投资者每天提现金额不超过 1000 元，每天处理 50 ~ 100 人。对于新充值投标金额给予增加提现额度，每投 1 万元一月标给 5000 元提现额度，每投 1 万元三月标给 1 万元提现额度，增加续投金额的万分之三奖励，即时到账。"

按照 Hi 投吧的规定来看：如果投资者投入了 5 万元，还需要再投入 1 万元的一月标才能获得 5000 元的提现额度。简而言之，投资者投入 6 万元，一个月过后才能够有 5000 元提现额度。但是每天提现额度不超过 1000 元，需要 5 天才能完成提现。与此同时，Hi 投吧为了吸引投资者而采取高息，从原来的年化收益率 12% 上调至 17%。

但是这种提现办法仍然不可能挽救已经穷途末路的 Hi 投吧。在 2016 年 2 月，Hi 投吧老板已经跑路，平台财务总监和运营总监被拘留。

通过上述案例分析可以大致判断出该平台已经出现的问题：第一，当平台提现困难时，平台只能通过限制提现者人数和提现额度来控制现金流，并且还需要大量"吸入"资金才能提现，这说明平台的财务可能已经出现赤字。

第二，在当前理财产品收益率下行空间，这种逆势高息严重违背了市场经济。平台只能以逆势高息来吸引投资人"接盘"，一旦后续的资金跟不上，整个资金链就会断裂，造成投资人血本无归。

4. 千万不能投"自创资金池，自融自用"平台

在众多的问题平台中，自融自用往往都是"头号杀手"。自融自用就是指发布假标，标的没有真实借款人，即平台虚构一个借贷项目，将融到的资金用于平台自身的经营活动。

国家的监管部门在对于规范互联网金融发展的指导意见中，多次强调："互联网金融作为纯中介信息平台，不能参与交易，不能自创资金池，更不能自融自用或者是为关联企业融资，也不能为自己担保。"

里外贷于2013年正式上线，由×××众旺达网络科技有限公司投资运营，公司的注册资本为1000万元，自然人股东分别为张某和孙某，法人股东为山东万军投资有限公司，但是，该平台的控制人是高某，系孙某的姑姑，平台自融自用。

截至2015年1月底，里外贷总成交量高达22.48亿元，待付给投资者的本息总计9.34亿元，平均借款期间为5.56个月，综合收益率高达39.77%。

在平台中，待收投资人数高达1830多人，人均待收金额51.06万元，其中待收排名第一的投资人的待收金额高达1.74亿元，排名前40的投资人待收金额均超过340万元。

此外，值得引起注意的是，待还资金的借款人数仅为 8 人，待还金额最高达到 3.2 亿元，人均待还金额为 1.17 亿元。

在 2015 年 1 月 22 日，P2P 行业中公认的"高息"平台里外贷资金链断裂，待付资金高达 9 亿元，平台停止一切业务，成为网贷史上的超级"巨雷"。

通过上述案例分析可以大致看出该平台的"假把式"：平台的投资人数多，人均待收金额庞大，且项目的借款人数少，待还金额却非常庞大。这种情况往往都是平台发布的假标，平台内部进行投标，通过制造欣欣向荣的投资盛况来吸引其他投资者。

在平台的发展初期，由于要对投资人刚性兑付，一旦发生坏账就难以覆盖，只能通过发布假标来吸引投资者，后续的资金跟上才能填补之前的窟窿，这种运营模式无异于是"拆了东墙补西墙"，但是一旦后续资金跟不上，将直接导致平台的资金链断裂，最终造成平台的崩盘。

因此，投资者千万不能投资自创资金池、自融自用的平台。一旦选择自融平台，省去中间环节，投资者将面临资金收不回来的困境，所以投资者要对自己所投资的项目进行风险监控。

下载安装
网银

常见的
网银服务

网银安全
保护工具

网银购买
理财产品

谁说宅在家里不能理财

互联网的普及，让理财产品已经不再神秘，很多"草根"用户都能够参与到理财大军中，形成了全民理财的局面。而网银理财是大众理财常用的渠道，本章将介绍如何足不出户在网上银行中理财。

2.1　三步教你搞定个人网上银行

> 在众多的理财平台中，银行理财凭借安全、可靠的特点而备受青睐，不少的投资者甚至会排队去抢购银行理财产品。但是随着互联网技术的发展，投资者通过下载和安装个人网银，足不出户就可以理财。

个人网上银行是指银行通过互联网为个人客户提供账户查询、转账汇款、投资理财和在线支付等金融服务的网上银行服务。客户足不出户就能够安全、便捷且灵活地管理存款、支票、信用卡及个人投资等。换而言之，个人网上银行是在互联网上的虚拟银行柜台。那么，在本小节中将介绍如何开通个人网银。

1. 官网开通个人网上银行的流程

如果按照传统的方式，投资者需要持本人身份证和银行卡到银行网点才能获得电子证书，才能开通个人网上银行。但是随着互联网技术的发展，投资者可以直接在银行的官方网站中开通个人网银。下面以开通中国建设银行的个人网银为例，逐步讲解如何开通个人网银。

Step01　用户直接进入到建设银行的官方网站（http://www.ccb.com/cn/home/indexv3.html），将鼠标光标移动到首页左上角个人网上银行搜索框下的"展开"按钮处，在展开的业务选项中单击"注册开通"超链接。

Step02 网页跳转到"个人客户"页面中，单击"开通个人网银"超链接。

Step03 网页跳转到个人网银类型选择页面中，此时用户只能在网上自助开通普通客户或者是便捷支付客户。首先单击"展开了解详细服务"的下拉按钮阅读相关服务，阅读之后再选择网银类型，例如，选择"便捷支付客户"，直接单击"马上开通"按钮。

Step04 在个人网银的阅读协议及风险提示页面中，用户阅读协议后勾选"我已认真阅读"复选框，单击"同意"按钮。

Step05 在填写账户信息页面中，投资者填写姓名、建行卡号、附加码，最后单击"下一步"按钮。

Step06 在输入短信验证码页面中，用户先输入账户取款密码，银行系统会给用户发送验证短信，用户收到短信验证码并填写，再单击"下一步"按钮。

Step07 在确认网上银行基本信息页面中，用户确认个人基本信息，包括客户姓名、性别、证件类型和证件号码，接着再设置用户登录名。

Step08 在设置登录密码页面中，用户设置网银的登录密码，接着设置私密问题和答案，最后单击"下一步"按钮。

Step09 完成以上操作之后，就成功注册了个人网上银行，单击"返回登录页面"按钮登录个人网银。

相比于在网点注册网银的方法，用户在网上自助注册个人网银更加方便、快捷和省时；并且，用户通过设置私密问题，使得网银的安全系数更高。

2. 快速安装网银安全组件

为了保证用户正常访问和使用中国建设银行的个人网银，使用网银盾的个人客户需要先安装建行E路护航网银安全组件。建行E路护航网银安全组件包括网银安全检测工具、网银盾管理工具以及网银盾证书更新工具，可一次性完成所有控件和驱动程序的安装。下面以建行网银为例，介绍如何安装建行E路护航网银安全组件。

Step01 用户直接进入到建设银行的官方网站，将鼠标光标移动到首页左上角个人网上银行搜索框下的"展开"按钮处，在展开的业务选项中单击"下载中心"超链接。

Step02 页面跳转至下载中心，直接单击"网银E路护航安全组件"超链接。

Step03 在"个人客户E路护航网银安全组件"页面，直接单击"Windows版本"超链接。

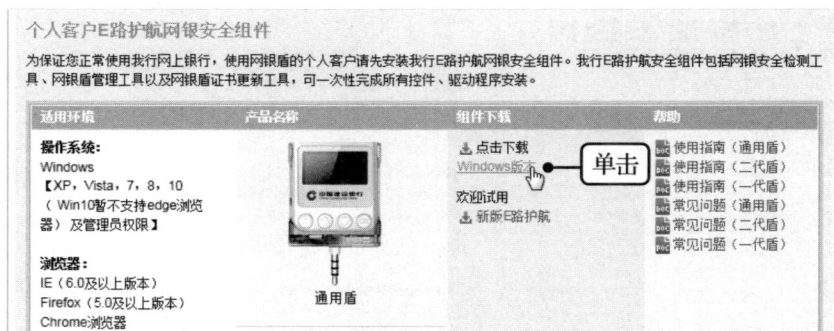

Step04 在浏览器最下端打开的对话框中单击"保存"按钮的下拉按钮，在弹出的快捷菜单中选择"另存为"命令；在打开的文件路径对话框中设置文件的保存路径，最后单击"保存"按钮。

Step05 下载完成后，打开"查看下载"对话框，单击"运行"按钮安装组件。

Step06 组件开始安装，安装完成后会立即运行网银安全检测，检测完成后，单击"一键修复"按钮修复安全漏洞，保证资金的安全。

　　为了保证 E 路护航网银安全组件安装成功，在安装期间暂时关闭杀毒软件或防火墙。此外，E 路护航网银安全组件暂不支持捷德网银盾，如果个人用户使用的是捷德网银盾，需下载并安装捷德网银盾管理工具。用户查看网银盾外壳上的编号确定网银盾的类型，网银盾编号前两位为"11"的是捷德网银盾。

3．登录到个人网上银行首页

　　用户在完成了个人网上银行的注册和安全组件的安装后，就可以登录到个人网银中管理资金。登录到建行的首页，直接输入登录账号、密码和附加码，单击"登录"按钮即可，如图 2-1 所示。

图 2-1　登录到个人网银首页

目前，各大银行都开通了网上银行的服务，一般分为个人网上银行和企业网上银行，具体的区别如下所示。

◆ **个人网上银行**：个人网上银行是指各大银行将传统的业务转移到网上开展，通过网络为个人用户提供存款、转账、缴费和购物等服务，扩展了服务范围，降低了网点的运营成本。

◆ **企业网上银行**：企业网上银行是指银行面向企业用户开发的一种网上银行服务，相对于个人网银而言，企业网上银行的服务功能更多、更复杂，并且对安全级别的要求更高。

无论是个人网上银行还是企业网上银行，都是以互联网为媒介为客户提供金融服务的电子银行产品，都是信息时代的产物，极大地提升了工作效率，让资金创造了更高的收益。

2.2 与你息息相关的网上银行服务

在个人网上银行中，足不出户就能够享受 7×24 小时的金融服务，例如，查看电子账单、查询账户余额和网购等。一方面，既可以节省用户的时间，另一方面，也能降低银行网点的运营成本，实现了双赢。那么，本节将介绍与个人用户息息相关的网银服务。

1．快速查询余额和收支明细

用户登录到个人网银中，可以快速查询到账户余额和收支明细。下面以建行为例，介绍如何查看余额和收支明细。

Step01 用户直接进入到个人网银中心，在首页即可查看到常用的辅助功能，直接单击"账户查询"按钮。

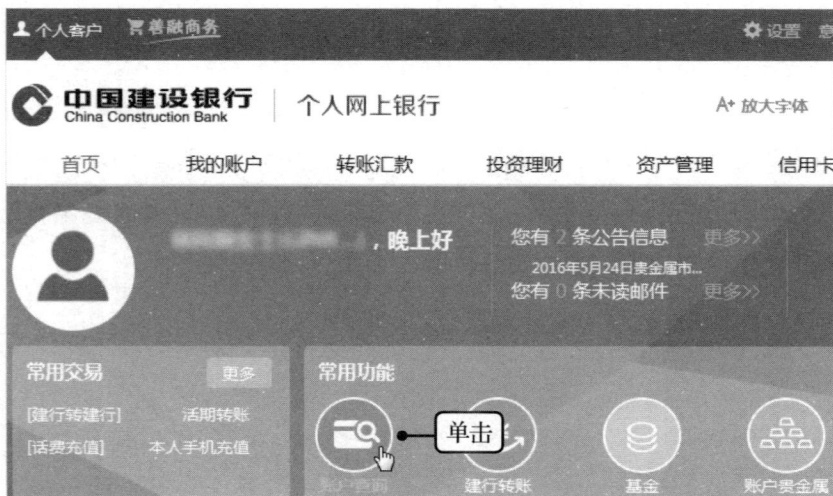

Step02 网页跳转到账户查询页面，用户即可查看到账户的详细信息，在子账户中可以查看到当前的账户余额，单击"明细"超链接。

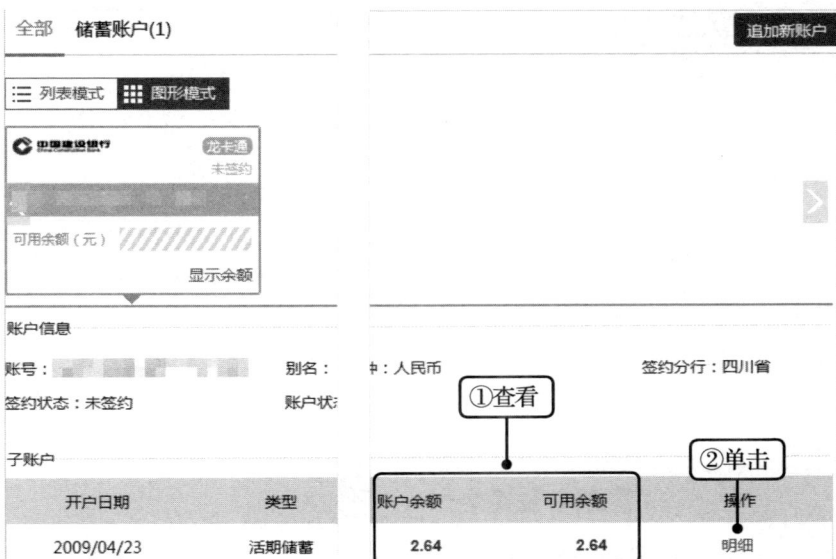

Step03 在查询明细页面中，用户选择查询的起止日期，设置完成后单击"确认"按钮。

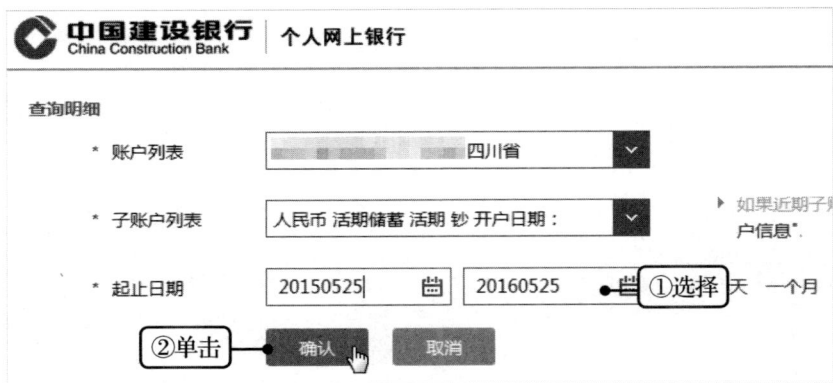

Step04 页面会显示出查询日期的收支明细，用户可以打印或者下载账单，如需下载账单直接单击"下载明细"按钮即可。

记账日	交易时间	支出	收入	账户余额	对方账号	对方户名
2016/02/25	2016/02/25 21:53:05	12.00	-	1,596.02		
2016/02/27	2016/02/27 18:16:45	400.00	-	1,196.02		
2016/03/07	2016/03/07 19:29:13	200.00	-	996.02		
2016/03/11	2016/03/11 12:45:09	900.00	-	96.02		
2016/03/11	2016/03/11 21:57:42	5.31	-	90.71		
2016/03/12	2016/03/11 23:11:10	19.90	-	70.81		
2016/03/15	2016/03/15 14:01:18	-	5.20	76.01		
2016/03/16	2016/03/16 12:51:04	8.80	-	67.21		
2016/03/21	2016/03/20 23:35:09	-	0.01	67.22		
2016/04/01	2016/04/01 21:27:50	5.00	-	62.22		

当前页收支金额合计：人民币：支出：1,551.01 元 收入：5.21 元
当前时间段收支金额合计：人民币：总支出：2,638.18 元 总收入：2,536.67 元

打印　下载明细

Step05 在打开的对话框中设置文件的保存路径，然后单击"保存"按钮，下载完成后系统会提示用户下载完毕，单击"关闭"按钮关闭下载对话框。

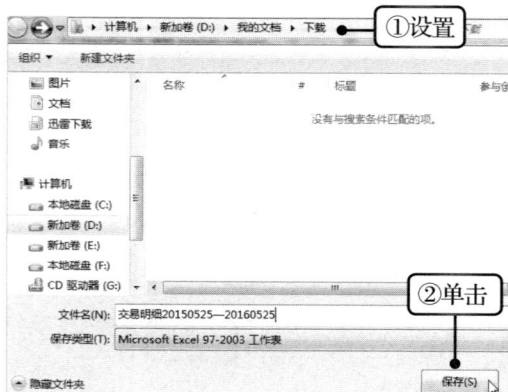

用户登录到个人网银，即可查看到账户余额和收支明细，能够清楚了解银行卡中钱的来源和去向，制订科学合理的消费计划表，也是很实用的一种理财方式。

2．在个人网银上也能存款

一说到存款，很多用户的潜意识就会认为存款只能去银行的柜台，但是在个人网银上同样也可以完成，且更加节省时间。下面以建行为例，讲解如何在网银上完成定期存款。

Step01 用户登录到个人网银中心，单击"转账汇款"选项卡，在"定活互转"业务栏中选择"活期转定期"业务选项。

Step02 在活期转定期页面中，用户可以查看到"整存整取""零存整取""存本取息"和"通知存款"4种存款方式，用户还可以计算存款的利息，直接单击"利息计算器"按钮，在打开的对话框中，设置币种、存款种类和存款金额，最后单击"计算"按钮即可查看到利息计算结果。

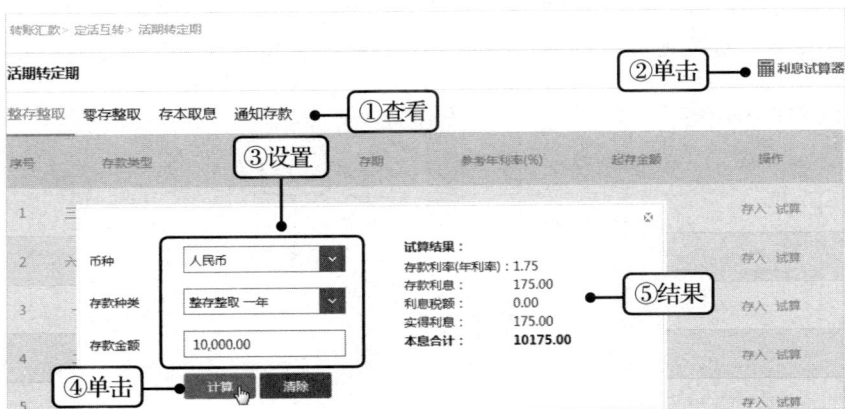

Step03 在完成了利率的查询后，再选择存款的方式，例如，选择"一年人民币整存整取"，单击"存入"链接。

序号	存款类型	币种	存期	参考年利率(%)	起存金额	操作
1	三个月人民币整存整取	人民币	三个月	1.35	50.00	
2	六个月人民币整存整取	人民币	六个月	1.55	50.00	存入 试算
3	一年人民币整存整取	人民币	一年	1.75	50.00	存入 试算
4	二年人民币整存整取	人民币	二年	2.25	50.00	存入 试算

Step04 在"子账户"栏中选择付款方式，选中"是"单选按钮，输入转账金额，最后单击"下一步"按钮。

Step05 在确认付款信息页面中，用户仔细查看转账信息，包括付款账户、收款账户、转账金额、收款账户储种、付款账户储种等。

Step06 在转账的过程中，银行系统会向用户手机发送短信验证码，用户直接输入短信验证码，再输入附加码，最后单击"确认"按钮即可。

投资者在个人网银上通过活期转定期的操作，能够获取到更多的收益，操作步骤简单，方式灵活，安全可靠且无手续费，免去了去网点排队等候的时间。因此，这种存款方式也备受欢迎，同时，也拓展了投资者的理财渠道。

3. 在网上就能转账汇款

从 2016 年 2 月 25 日起，五大银行联合公布："手机网银转账免费，通过网银渠道转账汇款免手续费。"在部分第三方支付平台纷纷开始收费的背景下，银行的"免费牌"无疑是让投资者的转账汇款行为多了选择的空间。接下来将以建行网银为例，介绍如何在网银中轻松转账汇款。

Step01 用户登录到个人网银中心，切换到"转账汇款"页面，在"活期转账"业务栏中选择"建行转建行"业务选项。

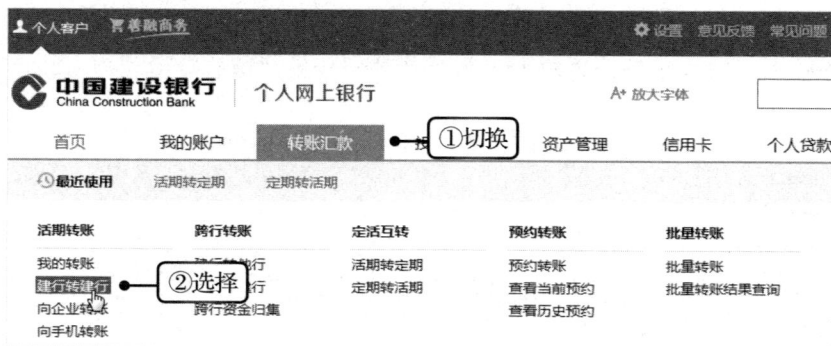

Step02 在填写信息页面中，输入收款人姓名、收款人账号和转账金额，单击"下一步"按钮。

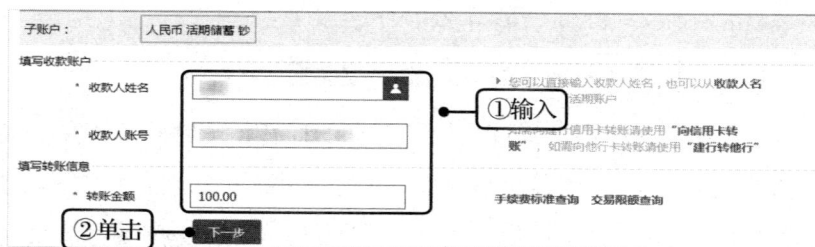

Step03 在确认转账信息页面中，用户仔细查看付款账户、收款账户和手续费等信息，接着再输入附言，选中"短信通知收款人"复选框，并输入收款人的手机号，最后再选中"收款人名册"和"常用交易"复选框。

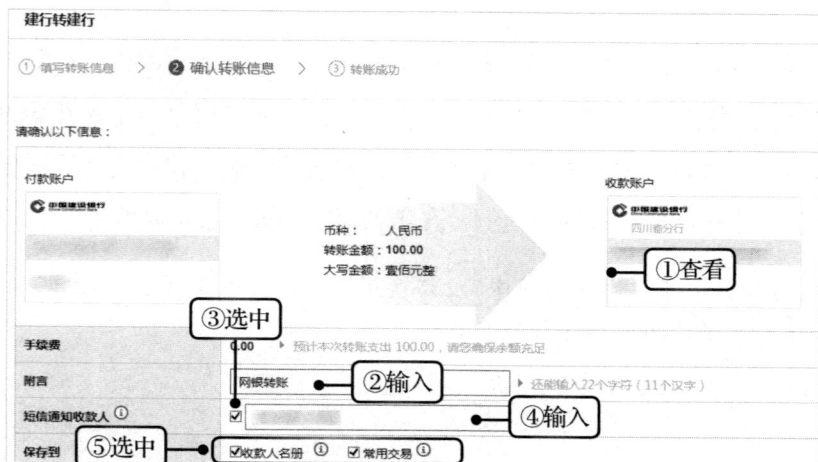

Step04 系统会向用户发送短信验证码，用户收到验证码之后，在文本框中输入验证码，接着输入系统随机的附加码，最后单击"确认"按钮即可完成转账。

综上所述，用户只需要进行简单的操作步骤即可完成转账。如果使用其他平台进行转账，可能会收取一定的平台服务费，而五大银行的网银转账都是免费的，因此，用户转账也可以节省一部分资金。

4．轻松缴费和购物

当互联网经济蓬勃发展起来的同时，网上缴费购物也逐渐成为主流，越来越多的用户会选择在网上进行系列的操作，而用网银进行缴费和购物无疑是最佳的方式。因此，接下来将以建行网银为例，讲解如何用网银缴纳生活费用。

Step01 用户登录到个人网银中心，在首页单击"生活服务"功能按钮。

Step02 在选择缴费信息页面，选择"燃气费"服务业务选项。

Step03 在选择地区和类别页面中，用户设置所在的省份、城市和收费单位，接着输入用户编号，最后单击"下一步"按钮。

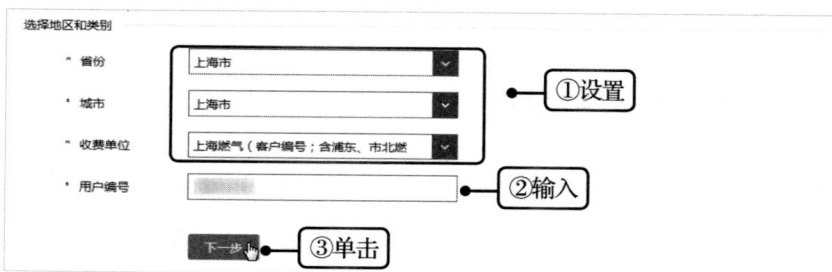

Step04 在选择账户页面中，用户设置需要缴纳燃气费的银行卡，设置完成后再单击"下一步"按钮。

Step05 在确认信息页面中，用户检查缴费信息，包括收费单位、缴费内容、付款账户和缴费金额，选中"快速缴费"复选框，接着在文本框中输入短信动态口令，再输入账户密码，最后单击"确定"按钮完成缴费。

很多生活服务业务都可以在网银上开展，例如，缴纳水电气费、物业费、手机话费、宽带费用甚至是房租。此外，网银还可以进行团购、教育缴费、订机票和买保险等，由于使用网银缴费和购物往往会更加便宜，因此，网银也逐步成为大部分用户日常生活中不可或缺的理财工具。

2.3　谁在为你的网银账户保驾护航

网上电子银行的出现和发展，标志着金融领域发生了重大的变革。在网银给用户带来便捷高效服务的同时，网银安全问题也成为大众关注的焦点。部分不法分子利用各种钓鱼软件盗取了用户的网银密码，因此，新闻中经常报道用户的网银被盗，资金损失惨重。那么，用户该如何提升网银的安全性呢？

1．U盾：木马病毒的克星

U盾是中国工商银行在2003年推出的办理网上银行业务安全级别最高的工具。因为它外形像U盘，安全性能像一面盾牌，故取名为"U盾"。

U盾内置微型智能卡处理器，通过数字证书对电子银行交易数据进行加密、解密和数字签名，确保电子银行交易保密性和不可篡改性，以及身份认证的唯一性。它能够确保用户在网银上办理各项业务的安全性，规避黑客、木马和钓鱼网站等带来的风险。如图2-2所示是中国工商银行推出的二代U盾。

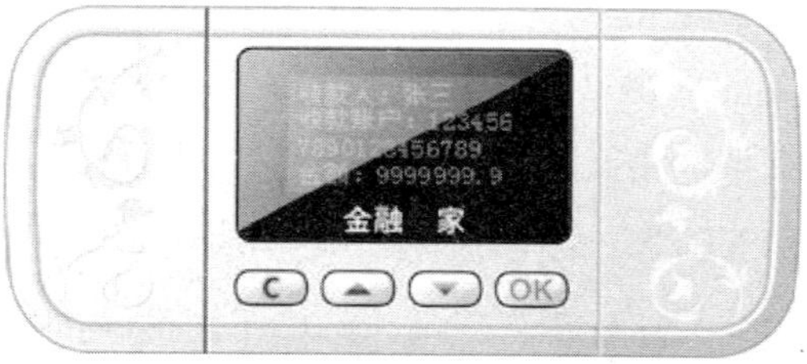

图2-2　中国工商银行的二代U盾

接下来以中国工商银行的U盾为例，为投资者讲解U盾的相关知识，具体如下所示。

◆ **适应对象：**对于安全级别要求较高的电子银行客户，推荐使用U盾。如果需要在移动设备上使用U盾，用户则需要申请通用U盾。

◆ **开办条件：**工行个人网上银行和手机银行客户、本人有效身份证件及注册卡。

◆ **开通流程：**只要用户是工行个人网上银行和手机银行客户，携带本人有效身份证件及注册卡，到工行营业网点申领U盾。

◆ **服务渠道与时间：**个人网上银行、手机银行为用户提供7×24小时全天候服务。

◆ **二代 U 盾**：用户使用的是二代 U 盾，在交易的时候需要认真核实显示屏中的交易信息，确认无误后再按"确定"按钮。

◆ **风险提示**：为了更安全地使用电子银行，务必保护好 U 盾和密码。在进行电子银行交易时，确保电脑和手机等设备安全可靠，定期更新杀毒软件，及时下载补丁程序，不打开来路不明的程序、链接、邮件和网页，不随意下载和安装软件，保持良好的上网习惯，U 盾使用完毕后应及时从设备上取下。

用户在使用 U 盾的时候会遇到各种各样的问题，因此，在这里仍以中国工商银行 U 盾为例，介绍一下 U 盾使用的注意事项，具体如图 2-3 所示。

有效期 U盾的有效使用期是5年，在服务器到期前一个月，系统会提示用户更新证书，用户可登录网银自助更新证书。

U盾遗失 用户不慎遗失U盾，需立即到网点申请冻结U盾。同时，用户还需要申请更换证书，申请生效后重新下载证书信息。

修改密码 用户在申领U盾后可自行使用配套的证书工具软件说明书修改证书密码，也可登录到个人网银修改密码。

忘记密码 用户忘记密码或被锁定（U盾密码连续输错6次，系统会锁定证书），则需携带个人U盾、注册卡和本人身份证到网点重置密码。

下载失败 用户在下载证书时，可能因为某些外在因素（停电或断网）造成证书没有下载成功，此时用户可以再次登录网站进行下载。

VISTA系统 在VISTA系统下，用户可以使用U盾进行交易验签，暂不支持证书更新和下载。

图 2-3　使用 U 盾的注意事项

用户在进行网银操作的时候，能够轻松实现大额转账、汇款、购物和缴费。此外，投资者可以通过和银行的电子银行签订个人理财协议，享受更加独具特色的理财服务。

2．双密码：网银"入关"与"出关"的安检员

银行为了增加用户的网上银行的安全系数，在网银中设置了两位"安检员"，分别是"入关"安检员——登录密码、"出关"安检员——支付密码。

登录密码是用户在登录个人网上银行时使用的密码，而支付密码则是用户通过网上银行办理业务进行在线支付时使用的密码。这里主要介绍如何设置两种密码，提升网银的安全性。

（1）两种密码相互独立。登录密码是进入个人网银的凭证，而支付密码是成交的凭证，两种密码不要设置成一致的，相互独立，增加网银的安全系数。

（2）密码设置要复杂。设置密码的时候，尽量不要使用自己或者是亲属的生日、电话号码及简单的连续数字，在设置密码的时候采用组合形式，包括大小写字母、数字和符号。

（3）密码定期更改。建议用户定期更改密码，且更改前和更改后的密码相似度不要太高。

（4）公共场合勿保存密码。用户在公共区域中登录网银的时候，尽量不保存网银的密码，避免账号被盗，造成不必要的资金损失。

（5）公共场所勿登录网银。尽量避免在公共场所（如网吧、公共图书馆和车站等）的计算机上使用网上银行，以防他人通过制作木马病毒、外接摄像头或其他设备监视客户登录网银等方式盗取客户网上银行户名和

密码等信息。

（6）勿使用公共场所网络。不要使用公共场所的无线网络（WiFi）登录网上银行和进行手机银行操作，以免信息泄露，造成资金损失。

（7）使用安全保障工具。在手机银行或网上银行等自助渠道进行交易时，建议使用电子密码器和 U 盾等安全防范工具。

（8）安装防火墙。建议用户在个人电脑安装防火墙程序，并经常升级，防止个人账户信息遭到黑客窃取。此外，为防止他人利用软件漏洞进入计算机窃取资料，建议客户还应及时更新下载 Windows 操作系统的补丁程序。

（9）警惕网络诈骗。对以"异常账户活动"或"银行系统升级"等理由，要求提供银行卡号和密码的电子邮件或银行网站提示要保持警惕，可拨打银行客户服务电话咨询或者是报警。

（10）识别钓鱼网站。警惕个别不法分子通过即时聊天工具或电子邮件等方式向客户发布虚假的低价商品信息，引诱客户到其指定网页购买商品，并假冒银行在线支付页面，不断提示"支付密码输入错误"，让客户多次输入支付密码，骗取客户网上银行支付密码等私密信息。

尽管网银为用户带来了极大的方便，但是如果用户忽略这其中的风险，无疑是为自己的账户埋下了"地雷"。所以，建议用户开通银行的"余额变动提醒"服务，以便在第一时间掌握账户内资金的变动情况。一旦资产变动异常，应立即采取账户挂失或修改密码等措施，保护账户资金安全。

3．短信校验码：网银交易的检验员

为了更加全方位地保证用户资金的安全，银行为用户提供了手机短信认证的服务。手机短信认证是指用户在使用身份确认工具进行交易确认过程中，用手机短信配合认证的一种交易确认方式。

当用户开通手机短信认证服务后，在进行交易支付时，用户将收到系统发送的短信验证码，只有在正确输入验证码之后，确定是本人在进行操作，最终才能完成支付。下面将介绍关于手机短信认证的相关知识。

◆ **手机短信认证服务内容**：手机短信验证、更改短信验证的手机号、撤销手机短信验证以及设置手机短信验证最低限额。

◆ **收费标准**：以中国建设银行为例，目前，开通手机短信认证服务暂不收取任何费用。

◆ **手机认证服务的范围**：手机短信认证所服务的范围包括电子速汇、跨行转账汇款、境内汇出汇款、教育缴费、生活服务缴费及电子商务（B2C、C2C）的交易总和等。

◆ **认证短信延迟接收的处理方式**：在使用手机短信认证服务过程中，可能由于移动运营商短信网关延迟，导致无法及时接收到验证短信。如果用户在两分钟内仍未收到短信，可以拨打银行的客服热线进行查询。

◆ **预留手机号**：自助开通手机短信认证时，用户必须使用曾在网上银行预留的手机号，不能任意输入，且在开通时，银行系统将向用户预留的手机号中发送短信验证码，以完成自助开通。

◆ **修改短信验证手机号**：当用户修改短信验证手机号、撤销手机短信验证时，银行系统将向用户原有的手机号中发送短信验证码，以完成修改。

用户在开通了短信认证服务后，随时掌握账户资金的交易变化情况，任何一笔交易都必须通过短信验证后才能进行，这也直接确保账户资金的安全。

4．动态口令卡：身份认证的审核员

动态口令（Dynamic Password）是由根据专门的算法生成一个不可预测的随机数字组合，每个密码只能使用一次，目前被广泛运用在网银、网游、电信运营商、电子商务和企业等多个领域。

动态口令卡易于携带、操作简单，不需要在电脑上安装任何软件，使用起来非常方便。目前，中国农业银行将口令卡和浏览器证书结合使用，进一步提高了浏览器证书用户的安全程度，如图 2-4 所示是中国农业银行的动态口令卡。

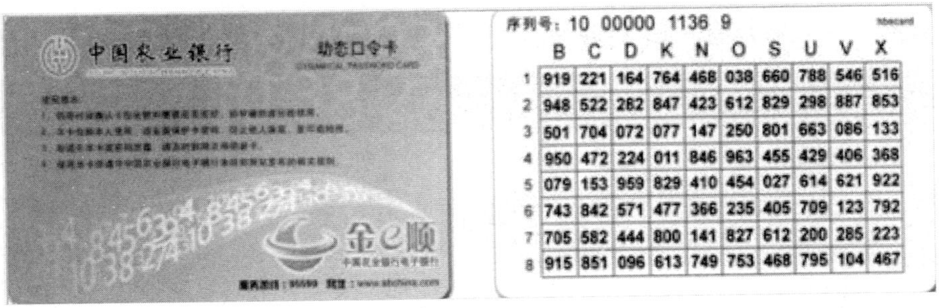

图 2-4　农行动态口令卡

如果用户已开通网上银行并且申请了浏览器证书，可以携带本人有效身份证件及注册网上银行时使用的任意一张银行卡到银行营业网点申请免费领取动态口令卡。同时，在使用农行动态口令卡的时候需要注意以下事项，具体如图 2-5 所示。

1 领用口令卡时要确认卡包装膜和覆膜是否完好，如有破损拒绝领用。

2 本卡仅限本人使用，要妥善保护卡背面的密码，防止他人偷窥、复印或拍照。

3 如遗失本卡或密码泄露，要及时到银行网点换领新卡。

图 2-5　使用农行动态口令卡的注意事项

国内的各大银行均推出了动态口令卡，动态口令卡采用成熟的动态密码技术，使每次交易时的密码都是随机变化的，有效解决了静态密码易被窃取的问题，能充分保障身份识别及认证安全。

5. 消费限额：交易额上限的控制员

用户通过设定电子银行交易限额，有利于保障客户资金安全，进而更加放心地使用电子银行各渠道服务。目前，国内的各大银行都实施了对个人网上银行交易限额控制措施，如表 2-1 和表 2-2 所示分别是交通银行网上银行和光大银行网上银行支付限额。

表 2-1　交通银行网上银行支付限额

支持卡种	信用卡、借记卡				
服务范围	全国				
限额		手机注册版		证书认证版	
	借记卡准贷记卡	单笔限额	每日限额	单笔限额	每日限额
		5000 元	5000 元	5 万元	5 万元
	信用卡	5000 元	5000 元	5 万元	5 万元
备注	如需了解更多交通银行网银信息，请致电交通银行服务热线（95559）				

表 2-2　光大银行网上银行支付限额

支持卡种	信用卡、借记卡、活期一本通				
服务范围	全国				
限额		支付方式	卡种	网银验证方式	单笔限额	当日限额
	网银	阳光借记卡	阳光网盾	20 万元	50 万元
		活期一本通	动态密码	5000 元	5000 元

续表

支持卡种	信用卡、借记卡、活期一本通				
	支付方式	卡种	网银验证方式	单笔限额	当日限额
限额	银行卡	借记卡	—	5000 元	5000 元
		信用卡	—	300 元	300 元
备注	如需了解更多光大银行网银信息,请致电光大银行服务热线(95595)				

如果用户的网银账户出现被盗用的情况,而消费限额的上限直接限制了资金的最高使用量,在很大程度上减小了资金的损失。当然,用户也可以自行登录个人网银修改支付额上限,但是为了确保账户资金安全,尽量不要将上限设置得过高。

2.4 在网银上选购理财产品

传统的储蓄这一理财方式已经不能满足用户的投资需求,越来越多的用户逐渐倾向于购买各类理财产品来投资。而银行的理财产品种类多、安全系数高,往往是用户的投资首选。因此,本节将介绍如何在网银中购买理财产品。

1. 用户投资风险偏好测试

投资者要想在网银中购买理财产品,首先要了解自身的投资风险偏好,然后选择合适的理财产品,切忌盲目投资。那么,下面将以中国建设银行为例,逐步讲解如何测试投资者自己的风险承受能力。

Step01 用户登录到个人网银的首页，切换到"投资理财"页面中，在"投资理财"业务栏中单击"投资理财首页"超链接。

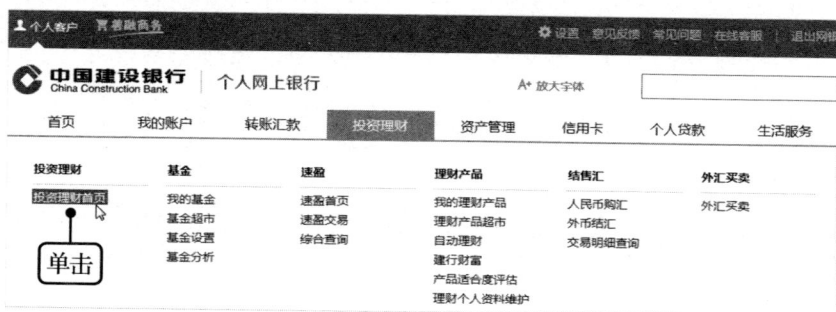

Step02 页面跳转到投资理财的首页，系统会提示用户没有进行风险测评，用户单击"……点击这里进行风险评估"超链接。

Step03 在风险承受能力测评中，完成所有的选项，最后单击"提交"按钮完成测试。

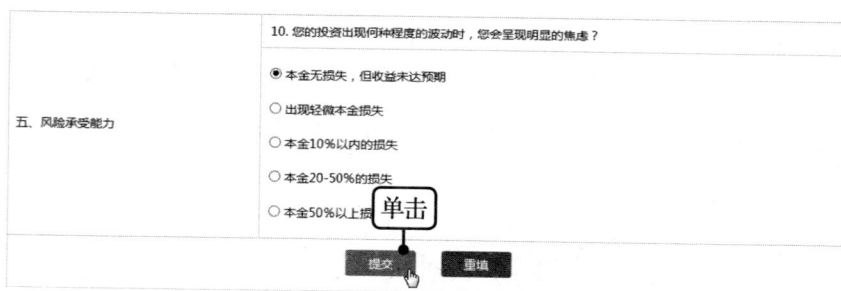

Step04 在测试结果页面中，系统会显示用户的风险评级结果，单击"返回"按钮即可返回到投资理财的首页。

投资者在完成了风险偏好测评后，就可以在网银中进行理财了，那么在接下来的小节中将学习如何购买理财产品。

2. 查看理财产品的说明书

投资者在选购任何一款理财产品之前，一定要查看产品的说明书，包括产品名称、投资时间、收益率和投资风险等。下面将以建行网银为例，介绍如何查看理财产品的说明书。

Step01 用户登录到个人网银的首页，切换到"投资理财"页面，在"理财产品"业务栏中单击"理财产品超市"超链接。

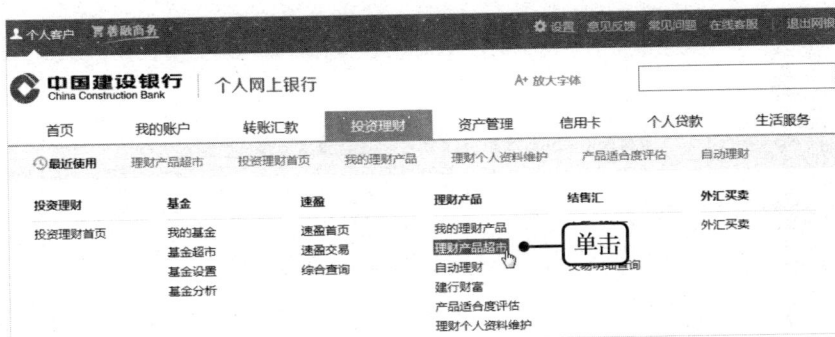

Step02 在理财产品超市页面中选择一款理财产品，例如"利得盈 2016 年第 33 期人民币非保本理财产品"，直接单击名称超链接。

Step03 跳转到相应理财产品公告页面，用户直接单击产品名称的超链接。

Step04 系统会弹出新的网页窗口，理财产品的说明书会以 PDF 的格式打开，用户要详细查看说明书。

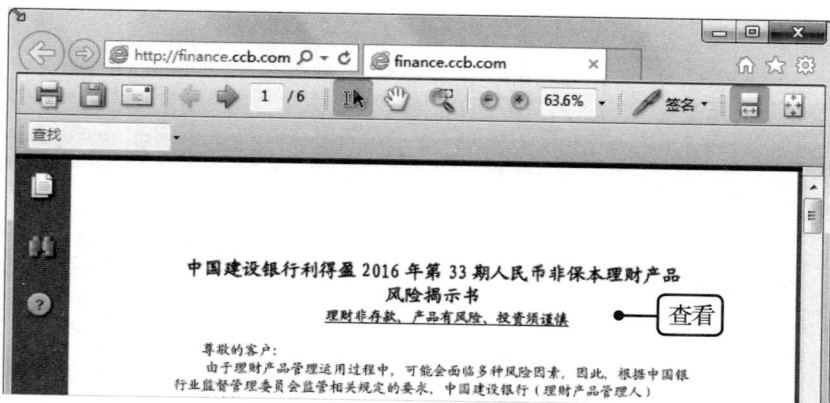

　　如今，一提到理财产品，许多人都接触过或者是购买过，但是根据调查发现，超过七成的被调查者在购买理财产品的时候普遍存在"闷头买产品，不过问说明书"的现象，导致最后遇到收益波动较大，甚至是亏本的情况，因此，在购买理财产品之前一定要读懂产品说明书。

3．理财产品是否有购买限制

在日常生活中，一部分投资者往往都是盲目跟风投资，忽视了网银中的理财产品设置的购买限制，最终投资往往是无疾而终。为了确保投资能成功，投资者需要注意以下的投资限制。

◆ **投资门槛**：通常情况下，网银理财产品的门槛都比较高，起投门槛从普通起点的 5 万元到 10 万元、20 万元或 30 万元，甚至 100 万元。这类理财产品往往只针对大资金客户，普通的投资者根本无法达到其标准。

◆ **购买数量**：部分理财产品限制了购买的数量，如果超过该额度将无法下单。

◆ **赎回条件**：有的理财产品未到期之前无法赎回；有的理财产品需要缴纳一定的平台服务费；部分理财产品只能在犹豫期内可以赎回，一旦过了犹豫期，资金则处于锁定状态，也无法赎回。

◆ **托管费的收取**：由于理财产品属于理财产品超市，银行只是受托管理理财产品，因此，银行会收取 0.05% 左右的托管费。因为与基金管理人相互监督不同，银行理财产品的管理人和托管人都是银行，因此，会收取托管费。

◆ **产品收益率限制条件**：并非所有的理财产品都是保守保本的，例如，兴业银行的"挂钩黄金保本浮动收益型产品"，尽管该产品属于保本浮动收益型产品，风险低，且预期收益最高为 5.4%，但是也有限制性条件：如果在观察期内，挂钩标的始终保持在边界水平之下，则到期收益率为 5.4%；如果在观察期内挂钩标的曾经高于或者等于边界水平，则到期收益率为 1.30%。换言之，这是一款看跌黄金的产品，如果在观察期内黄金上涨了，那么收益率就要打折扣。

上述内容是银行理财产品的部分购买限制，随着理财产品种类丰富起来，银行还会设置更多的购买限制，因此，投资者需要仔细查看产品说明书，尤其是投资风险和隐形条件。

4．组合投资获取最大化回报

在进行投资时，投资者可以采取组合投资的方式，一方面能获取到更高收益，另一方面也能规避投资风险。投资者可以按照如下所示的组合投资方式来投资。

◆ **货币基金＋信用卡**：这种理财方法是充分利用信用卡可透支消费的功能，在消费过后有一定的免息期，并且在免息期无偿使用这部分透支信额，而这部分透支的资金可用作投资。通常情况下，可以用来投资货币基金或者是短期债券基金，这类理财产品风险低、收益较高。这种方式相当于是向银行免费借钱进行投资。

◆ **货币基金＋股票**：这种理财方法是风险互补型。货币基金是低风险的保本型投资，而股票是高风险的投资，将两种投资方式进行组合，风险形成互补。在理财市场中，著名的"二八原则"应用在这种投资方式中就非常合适，将20%的资产用于投资股票，将80%的资产用于货币基金。

◆ **股票基金＋债券基金**：这种理财方法是综合考虑收益的中等风险投资。由于在债券基金市场中，债券基金的收益率高居榜首，且风险不大，因此，债券基金是投资者的首选。同时再选择较高风险的股票基金，使得两种资产组合的收益风险平衡。

◆ **股票基金＋国债**：这种理财方法是风险偏好较高的组合，比较适合风险承受能力较强的投资者。选择有潜力的股票型基金和记账式国债，既可以规避股票型基金投资带来的高风险，又可以使资金的流动性更加灵活。但是由于股票型基金的投资策略不同，不同基金之间的收益和风险差别很大，因此，投资者需要重点考察基金公司和具体的基金产品信息。

如上所述是最实用的组合投资方式，适合不同风险偏好的投资者，保守型投资者可以选择"货币基金＋信用卡"方式投资；中庸型投资者则可选择"货币基金＋股票"和"股票基金＋债券基金"的方式；而追求高收益的上进型投资者则可选择"股票基金＋国债"。不管是哪类投资者，都应该根据自己的投资风险偏好来进行投资。

5．甄别网银理财的"潜规则"

银行的理财产品和其他平台的理财产品相比，风险低、收益稳定且渠道安全，因此，许多投资者往往都信赖银行，毫不犹豫就下单购买，却忽略了网银理财也有"潜规则"。在这里我们将介绍网银理财隐藏的"潜规则"，供投资者参考。

（1）实际收益率达不到预期收益率。收益率是投资者购买理财产品的重要依据之一，许多投资者只购买高收益率的产品。但是实际上，理财产品说明书中的收益率往往是预期收益率，而不是实际收益率。由于资本市场的变化，产品到期时，实际的回报往往会低于预期收益。因此，投资者需要先了解投资市场，自行判断收益率实现的可能性。

（2）实际收益率并非投资期的收益率。部分理财产品会吹嘘年化收益率高达 10%，这里的预期年化收益率不是指投资期内的预期收益率。计算收益率 = 年化收益率 ÷365× 投资天数。例如，对于同一款年化收益率为 5% 的理财产品，投资期分别是 45 天和 180 天，前者只能达到 0.62% 的预期收益率，而后者可达到 2.47% 的预期收益率。

（3）产品的提前赎回。银行不断加息，投资者担心自己的理财产品跑不赢银行存款，就希望提前结束合约。而理财产品的提前赎回主要分为两种情况：一是投资者与银行均无提前终止权，故投资者不能赎回；二是投资者可以提前赎回，但是这种赎回权还要细分为随时赎回和在某一规定的时间内赎回，并且投资者需要支付相关的费用，例如托管费和申购费等。

（4）终止条款。在终止条款方面通常分为银行有权提前终止和客户有权提前终止。银行在理财合同中写明"在特殊情况下，本行有权单方面提前终止理财产品运营"的条款，会让投资者的理财产品莫名"被终止"。如果银行行使提前终止权，投资者一般可享受到高于无银行提前终止权的收益率。而投资者有权提前终止的理财产品非常少。因此，投资者在购买理财产品时，可以选购优质的、设立时间较早的银行理财产品，确保资金的理财收益不会因为提前终止而"打水漂"。

（5）理财周期。理财产品说明书中会涉及期日、到账日和费用。到期日意味着产品到期停止运行，而银行要在"到账日"才会将本金和投资所得返还到投资者账户，这中间会有时滞。而资金到账日是指产品到期日或提前终止后到资金打回到投资者个人账户之间的时间，这段时间内资金不计息。清算时间长短也对收益率产生影响。

根据某大型国有银行的理财师透露：部分投资者过于盲目投资，根本没重视理财产品的说明书和投资风险，最后造成投资亏本。他建议，投资者需要综合全面地考虑市场的因素，不建议购买理财周期过短的产品，因为从募集到最后的资金到账，至少需要4天的资金运作期，如果投资者频繁购买此类产品，最终的收益肯定不高。此外，银行推出的高收益理财产品的周期都很短，投资者不要为了追求收益而增加成交成本。

.03 PART.

第三方支付市场 · 余额宝理财 · 招财宝理财 · 规避支付宝风险

开创移动理财新纪元——支付宝

在移动互联网时代，投资者的理财方式也发生了一定的变化。投资者在移动智能终端理财成为当前的大趋势，在手机上能够查看到各类产品的信息，方便、快捷而安全地实现全民理财。本章将为投资者介绍如何在第三方支付平台中理财的相关知识，其中又以支付宝作为重点介绍。

🌐 3.1　百花齐放的第三方支付市场

> 随着移动通信技术和移动互联网技术的发展，理财终端由传统的 PC 端逐步过渡到移动终端，因此，国内的第三方支付平台也纷纷抢占理财市场，形成百花齐放的局面。下面先来认识一下几个有代表性的第三方支付平台。

根据艾瑞咨询的权威数据显示：2015 年第三季度，第三方移动支付市场交易规模达到 24204.9 亿元，环比上涨 5.4%，同比上涨 64.3%，各大支付平台的市场占有份额如图 3-1 所示。

2015 年第三季度中国第三方移动支付交易规模市场份额

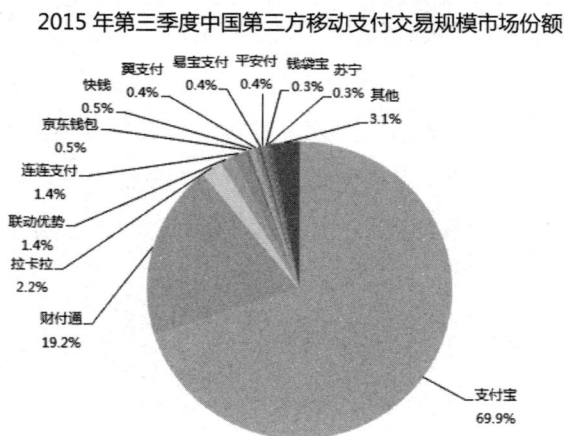

图 3-1　2015 年第三季度中国第三方移动支付交易规模市场份额

其中支付宝和财付通共占据了 89.1% 的市场份额，联动优势侧重于 App，继续保持快速发展，拉卡拉依托于强大的商户资源也取得较显著的成绩，翼支付借助于母公司的优质资源也分得"一杯羹"，而京东钱包在互联网金融领域发力，成为了行业的后起之秀。

在 2015 Q3 中，由于庞大的用户数和不断增长的线下支付场景，社交支付和线下支付用户的数量和黏性持续增加。因此，在本节中将介绍具有代表性的第三方支付平台。

1. 支付行业领头羊——支付宝

支付宝成立于 2004 年，是淘宝网旗下的第三方支付平台。支付宝为用户提供的服务包括网购转账收款、生活便民、公益教育、旅行票务和娱乐网购等多个领域，如图 3-2 所示是支付宝官网的首页（https://www.alipay.com/）。

图 3-2 支付宝官网的首页

截至 2015 年底，支付宝实名用户超过 9 亿，支付宝活跃用户超过 3 亿，单日手机支付量超过 5000 万笔。2015 年"双 11 购物狂欢节"全天，支付宝达到了 8.59 万笔 / 秒的交易峰值，超过了 Visa 和 MasterCard 的实际处理能力。

支付宝稳健的作风、先进的技术、敏锐的市场预见能力及极大的社会责任感，赢得了国内外 180 多家银行以及 Visa 和 MasterCard 等国际组织与其建立战略合作关系，成为金融机构在电子支付领域最信任的合作伙伴。因此，支付宝理财是广大投资者首选的平台。

2．社交支付巨头——财付通

财付通是腾讯公司在 2005 年推出的在线支付平台。其核心业务是为用户在互联网上提供在线支付、话费充值、生活缴费和理财等服务，如图 3-3 所示是财付通官网的首页（https://www.tenpay.com/v3/）。

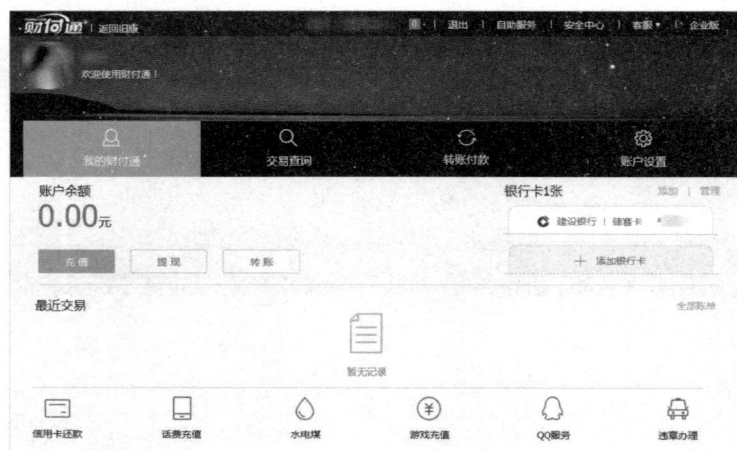

图 3-3　财付通官网首页

财付通依靠 QQ 和微信这两座大山，在短时间内迅速积累了庞大的用户群，业务覆盖了移动电子商务的各个领域，市场占有份额仅次于支付宝，成为最具发展潜力的支付平台。所以，投资者也可以选择财付通进行投资理财。

3. 移动POS机提供者——拉卡拉

拉卡拉成立于2005年，是新型的金融服务商，主要为用户提供移动支付、征信、融资和社区金融等服务，旨在为用户打造金融服务共生系统，如图3-4所示是拉卡拉官网首页（http://www.lakala.com/）。

图 3-4　拉卡拉官网首页

为了适应移动电子商务时代支付行业的发展，拉卡拉对已有的业务进行了创新改革，其业务更新如下所示。

◆ **信贷**：基于考拉信用积分，拉卡拉为个人和中小企业提供多种信用贷款，贷款金额从1000元到20万元不等，贷款周期从一天到一年不等。

◆ **征信**：拉卡拉旗下的考拉征信公司是联合多家著名企业共同组建的，是中国第一批获得征信牌照和个人征信资质的公司。

◆ **便民支付**：拉卡拉社区便民服务平台是拉卡拉集团首创的远程自

助银行中间服务系统，通过在社区安装拉卡拉终端，实现了自助银行、生活服务、生活缴费和金融服务的功能。

◆ **移动支付**：拉卡拉移动支付终端是对传统的支付业务的革新，为用户提供安全快捷的移动支付服务，提升用户对产品的体验，提高移动终端的支付率和普及率。

◆ **POS 收单**：拉卡拉 POS 业务是企业最核心的业务之一，通过不断创新、丰富和改善收单产品，提供增值服务，全面满足扫码支付、NFC 支付、芯片卡和磁条卡等多渠道支付需求。

◆ **跨境支付**：为拓展海外电子商务的支付市场，拉卡拉提供了跨境支付结算的服务。同时，拉卡拉与知名的跨境物流仓储企业合作，为合作伙伴提供全流程的跨境业务方案设计和流程。

拉卡拉作为中国最早的移动 POS 机的提供者之一，具有广泛的群众基础，其客户涵盖了各行各业，为后期的发展和改革奠定了坚实的基础。因此，对于广大的投资者来说，选择拉卡拉作为投资工具也是比较明智的决定，尤其是信贷理财。

4．移动金融服务商——联动优势

在 2003 年，联动优势正式成立。发展至今，已经成为移动金融服务商的代表企业，主要为个人和小微企业提供联动支付、联动金融、联动信息、联动惠商＋以及联动国际等服务，如图 3-5 所示是联动优势官网的首页（http://www.umpay.com/）。

图 3-5 联动优势官网首页

在竞争激烈的第三方支付行业，联动优势为了扩大企业的竞争力，对业务进行了全面的整合和升级，具体如下所示。

◆ **联动支付**：联动优势主要为用户提供游戏、视频、音乐、保险和电子券等支付服务。旗下产品包括移动支付、互联网支付、线下收单、基金支付、话付宝和聚U惠。根据2015年艾瑞咨询和易观智库的权威数据显示，联动优势在移动支付领域的市场占有份额排名前五。

◆ **联动金融**：联动优势在金融领域也迅速发展起来，为电商、旅游、保险、物流、教育、农资和娱乐等行业提供了金融解决方案，合作客户包括中国移动、蒙牛乳业和新奥燃气等知名企业。旗下的产品包括供应链金融和资金管理解决方案。

◆ **联动信息**：联动优势是基于移动终端和移动网络等资源的服务能力，为用户和企业提供安全的金融服务解决方案。旗下产品包括金融信息服务、联信通和联动流量通。

◆ **联动惠商+**：联动优势为企业提供电子兑换、会员管理、银行卡收单和短期融资等金融服务，合作的客户包括肯德基、麦当劳、沃尔玛及迪信通等大型连锁企业。旗下产品包括惠商+解决方案、惠商＋云服务和惠商＋金融数据。

◆ **联动国际：** 联动优势正在搭建跨境综合服务平台，为用户和企业提供跨境支付、国际数据业务、跨境供应链金融和跨境物流服务等服务。旗下产品包括跨境支付、国际信息服务及增值解决方案。

综上所述，联动优势的核心业务是为企业提供金融服务，业务涵盖了支付、资金供应链、移动营销、云服务和跨境支付，形成了全方位的生态理财圈，因此，投资者也可在该平台进行理财。

5．行业后起之秀——京东钱包

京东钱包是京东商城在 2014 年 3 月推出的网银钱包，京东会员可以在该平台中进行购物付款、消费信贷和投资理财等操作。换而言之，京东想要弥补自身的短板，脱离第三方支付渠道的限制，打造京东商城的"支付宝"。

京东钱包作为京东账户体系的承载体，完成了在线支付环节的整合。除了支付和交费等基础性服务，还为用户提供了理财专区，方便用户选择不同的理财产品。如图 3-6 所示是京东钱包官网的首页（https://www.jdpay.com/）。

图 3-6　京东钱包官网首页

京东钱包借助于京东商城积累和沉淀的资源，迅速地从第三方支付市场中脱颖而出，并且占据了一席之地。因此，京东钱包也是投资者理财的重要平台之一。

6. 树大好乘凉——翼支付

翼支付于 2011 年成立，是中国电信旗下的互联网金融品牌。翼支付主要为用户提供甜橙理财、生活服务和交费助手等综合性服务，如图 3-7 所示是翼支付的官网首页（https://www.bestpay.com.cn/）。

图 3-7　翼支付官网首页

翼支付在中国电信这棵"大树"的保护下迅速成长起来，但是翼支付平台存在一定的局限性，即部分业务必须是电信用户才能享受，因此，投资者应从各方面的因素综合考虑，选择最佳的理财平台。

3.2 "宝宝类"理财产品的主场秀

2013 年 6 月余额宝上线，开创了互联网"宝宝类"理财的元年。在 2013 年下半年，各大金融机构相继推出了自己的"宝宝"。下面介绍具有代表性的"宝宝"类理财产品。

1．赚钱花钱两不误的余额宝

阿里巴巴旗下的蚂蚁金服公司于 2013 年 6 月推出余额宝，开创了互联网理财的新纪元。余额宝是支付宝打造的月增值服务和活期资金管理服务，如图 3-8 所示是余额宝官网的首页。

图 3-8　余额宝官网首页

余额宝的资金还能用于网购支付、线下支付和理财，操作简单、门槛低、零手续费且随取随用，是移动互联网时代的现金管理工具。

2．一元起存，人人都是理财家

余额宝的横空出世，开启了互联网理财的元年，让从未接触过互联网理财的千万用户萌发了理财意识。用户将钱转入余额宝即购买了由天弘基金提供的天弘余额宝货币市场基金，即可获得收益。下面将讲解如何将银行卡的钱转入余额宝中。

Step01 首先绑定银行卡,登录到余额宝的个人中心首页,在首页中单击"转入"按钮。

可用金额(元) 👁

1359.70   转入   转出

单击

总金额(元) 🅥   不可用金额(元) 明细
1359.70   0.00

Step02 网页自动跳转到"转入/单次转入"页面,输入转入金额,选择转入方式,单击"下一步"按钮。

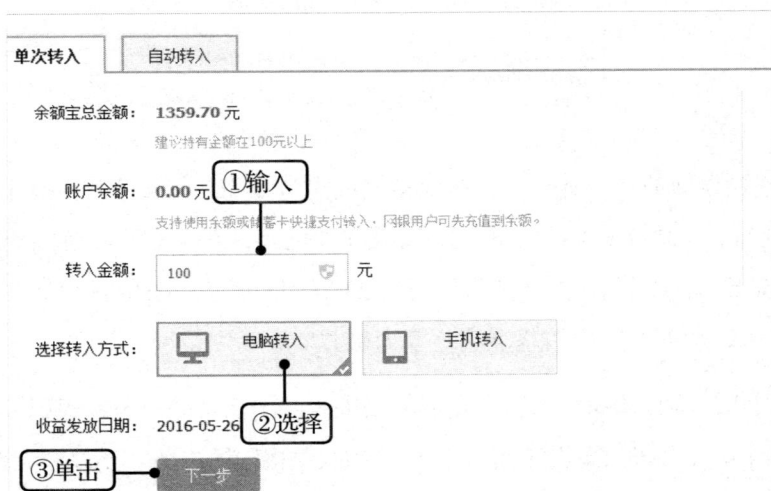

| 单次转入 | 自动转入 |

余额宝总金额: **1359.70 元**
建议持有金额在100元以上

账户余额: **0.00 元**
支持使用余额或储蓄卡快捷支付转入,网银用户可先充值到余额。

①输入

转入金额: 100 🛡 元

选择转入方式: 🖥 电脑转入   📱 手机转入

②选择

收益发放日期: 2016-05-26

③单击 ← 下一步

Step03 网页跳转到"我的收银台"页面,选择需要用于支付的银行卡,输入支付密码,单击"确认付款"按钮。

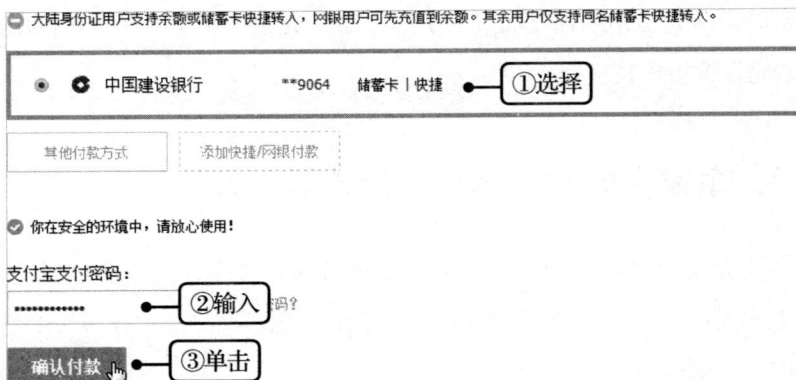

大陆身份证用户支持余额或储蓄卡快捷转入,网银用户可先充值到余额。其余用户仅支持同名储蓄卡快捷转入。

⦿ 🔄 中国建设银行   **9064   储蓄卡|快捷 ← ①选择

其他付款方式   添加快捷/网银付款

✅ 你在安全的环境中,请放心使用!

支付宝支付密码:

············ ← ②输入   码?

确认付款 ← ③单击

Step04 当支付成功后，系统会提示用户"付款成功"，如果用户需要查看转入的资金，可直接单击"点此查看"超链接，该页面还提示用户转入资金的收益到账时间。

根据权威数据统计显示，在众多的理财基金中，天弘余额宝从上线就霸占榜首，余额宝 2013 年的净利润约为 179 亿元，2014 年增长为 240 亿元，2015 年 12 月 31 日，余额宝净利润为 231.31 亿元，其中份额净值收益率为 3.66%，同期业绩比较基准收益率为 1.37%。

因此，从整体的理财工具发展前景来看，余额宝是对现有理财工具的补充和拓展，降低了理财门槛，让更多的"草根"用户加入到理财大军中。

【提示注意】

用户将资金转入余额宝的时候，需要输入支付密码。此处的支付密码并不是登录密码，两者是相互独立的，为了提高账户资金的安全等级，建议用户尽量将密码设置得比较复杂。

3. 余额宝的收益越来越低该怎么办

鉴于余额宝成功上市，在其资金聚拢效应影响下，其他金融机构也纷纷推出理财产品，形成了移动互联网"宝宝"类理财产品"扎堆"的壮观，具体情况如表 3-1 所示。

表 3-1　互联网"宝宝"类理财产品

产品名称	"宝宝"类型	平台	合作基金
天天理财宝		富国基金	富国天时货币 A
中银活期宝	基金系	中银基金	中银活期货币
壹诺宝		新华基金	新华壹诺货币
天添宝		中加基金	中加货币 A
鑫元宝		南京银行	鑫元货币 A
聚利宝	银行系	重庆银行	南方现金增利货币
普发宝		浦发银行	浦银安盛日日盈货币 A
快线宝		上海银行	易方达易理财货币
京东小金库		京东商城	鹏华增值宝货币、嘉实活钱包货币
理财通	第三方支付系	腾讯	华夏财富宝、广发天天红等
零钱宝		苏宁	汇添富现金宝、广发天天红
美盈宝		国美	诺安天天宝 B
收益宝		同花顺	广发货币、南方现金增利等
活期宝	代销系	天天基金网	长城货币 A
储蓄罐		好买基金网	工银现金货币

　　随着市场上的"宝宝"增多，市场进入饱和期，高收益不再，增长规模放缓。以余额宝为例，余额宝诞生之时正处于"钱荒"，七日年化收益率高达 6.76%，但是由于市场"宝宝"军团的突起，现已跌到"2"时代，平均七日年化收益率仅 2.4%。当余额宝的收益日益降低的时候，投资者

应该怎么处理这部分资金呢?

余额宝的定位是短期的灵活理财，投资者要获得较高的年化收益率，可以将资金转入到余额宝的兄弟平台——招财宝。招财宝于 2014 年 4 月正式成立，是蚂蚁金服旗下的金融服务平台，主要为个人投资者、个人融资者和中小企业提供金融服务，接下来将讲解如何在招财宝中理财。

Step01 投资者登录支付宝，再进入招财宝官网的个人中心，选择理财产品，例如"3 ~ 6 个月"，单击右侧的"预约"按钮。

Step02 跳转到"预约购买"页面，在购买理财产品之前，投资者必须先查看理财产品的产品合同、产品介绍和增信措施说明。

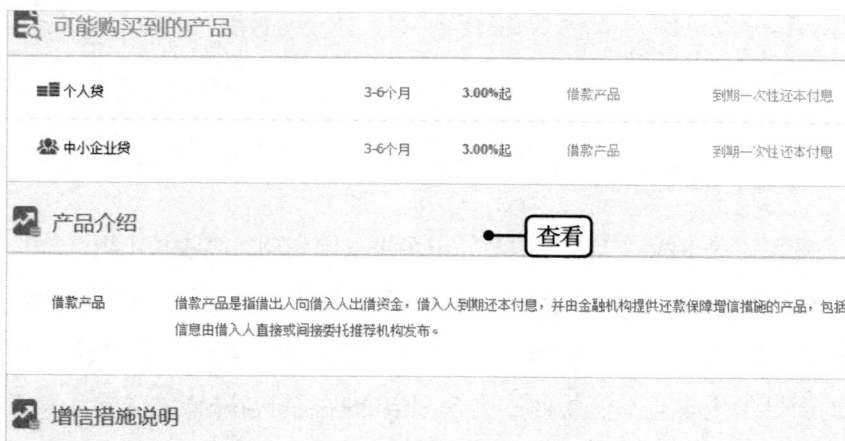

Step03 投资者设置产品期限，再设置约定年化收益率，输入预约金额，单击"申请预约"按钮。

Step04 在打开的"预约购买确认"对话框中，确认理财产品无误后输入支付密码，单击"同意协议并确定"按钮。

Step05 支付成功后，系统会提示用户进入购买的流程，预约理财产品在等待期间仍然享受收益，预约成功后将自动从支付宝账户余额中扣除。

因此，在招财宝平台中，投资者可以根据自身风险偏好选择理财产品。此外，招财宝平台还为投资者提供了双重风险保障措施。

- ◆ **第一重：**由金融机构和担保公司等增信机构督促融资人到期归还本金和约定利息。

- ◆ **第二重：**当融资人还款逾期时，由提供还款保障增信措施的金融机构或大型担保公司等增信机构依法履行还款增信措施，完成代为偿还的义务。

【提示注意】

招财宝平台的理财产品都可以变现，所谓变现，是指招财宝平台为解决定期理财产品的流动性而推出的服务，投资者将持有的理财产品作为抵押贷款给借款人，产生一笔新"个人贷"。而贷款的利息和时间由个人投资者决定。

4．其他"宝宝"的收益如何

如表 3-2 所示是某理财网站发布的"宝宝"类理财产品排行榜。（统计时间为 2016 年 5 月 19 日，收益率会随着时间变化而变化）

表 3-2　互联网"宝宝"类理财产品排行榜

"宝宝"类型	产品名称	挂钩基金	七日年化收益率（%）
基金系	中银活期宝	中银活期宝货币	2.668
	汇添富现金宝	汇添富现金货币	2.659
	工银瑞信现金	工银现金货币	2.589
银行系	浙商增金宝	易方达增金宝货币	3.014
	中信薪金宝	嘉实薪金宝货币	2.967
	北京农商凤凰	嘉实薪金宝货币	2.967
第三方支付系	腾讯佣金宝	国金金腾通货币	3.01
	京东小金库	鹏华增值宝	2.986
	苏宁零钱宝	广大天天红	2.632

投资者可以查看其他的"宝宝"类理财产品，选择收益率较高的理财产品。但是在众多的理财产品中，投资者如何才能获取到综合的数据信息呢？在这里，我们向投资者推荐一些实用的网站。

◆ **金牛理财网**：金牛理财网是由中国证券报主办的财富管理平台，为投资者提供基金、银行理财和信托等最新资讯、投资建议和专业的资产配置服务。

◆ **中国金融网**：中国金融网是在中国人民银行、国家开发银行和中国建设银行等 15 家银行支持下成立的大型金融网站，投资者能够在第一时间内获取到最新的金融信息、政策信息。

◆ **中国金融信息网**：中国金融信息网是新华社金融信息平台主办的国家级专业财经网站，实时跟踪全球金融信息，在第一时间发布宏观、产业、外汇、货币、债券和股票等财经资讯。

3.3 牛人教你利用余额宝多赚钱

在 2016 年 1 月 26 日，蚂蚁金服公布了 2015 年年度报告。截至 2015 年 12 月 31 日，余额宝的用户规模达到 2.6 亿，资金规模增至 6207 亿元，2015 年全年为投资者创造了 231 亿元的收益。那么，投资者该如何利用余额宝赚得更多的钱呢？

1. 定时转入获得更多收益

余额宝中的定时转入是指投资者开通余额宝定时转入功能后，支付宝合作的机构将根据投资者设置的定时转入金额、转入时间和银行卡来完成扣款的操作。定时转入主要针对有周期性转入需求的投资者，只需要简单设置就能完成操作。下面以开启余额宝的定时转入功能为例，讲解具体的操作步骤。

Step01 投资者登录到余额宝个人中心，在"自动赚"板块中选择"银行卡定时转入"选项，单击"设置"按钮。

Step02 跳转到"定时转入转出"页面，投资者单击"添加新的定时转入任务"超链接。

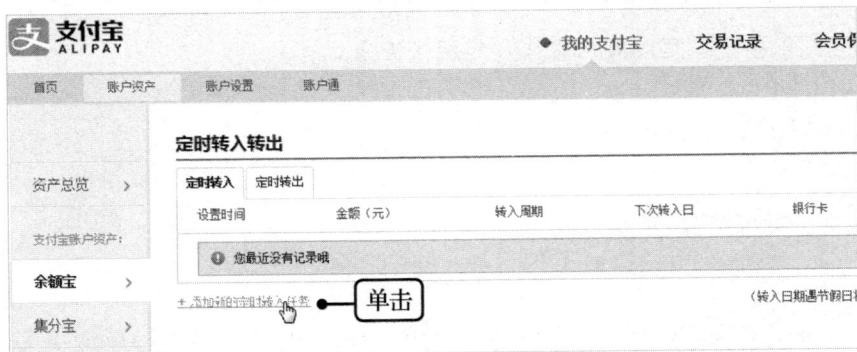

Step03 跳转到"定时转入"页面，投资者首先选择银行卡，输入转入金额，设置转入时间，单击"下一步"按钮。

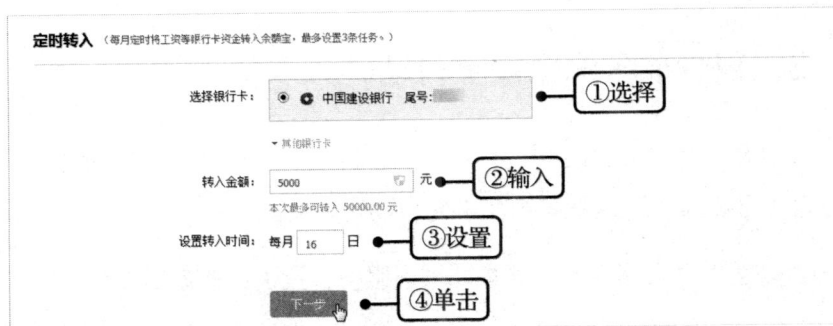

Step04 跳转到"定时转入确认"页面，投资者输入支付宝支付密码，单击"同意协议并确认"按钮。

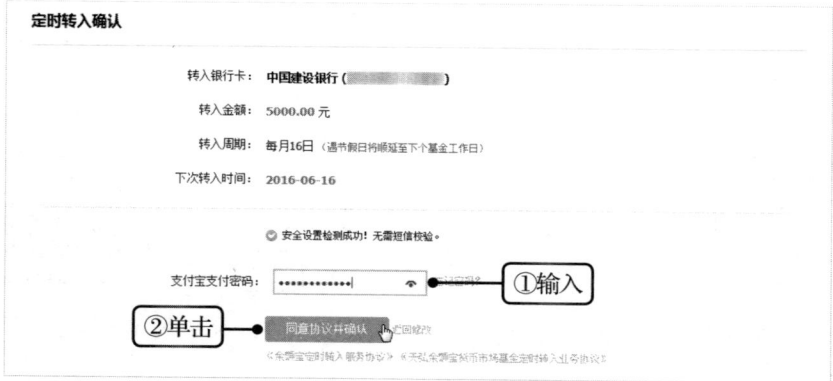

Step05 最后跳转到结果页面，系统会提醒投资者"定时转入申请已提交"，用户可以单击"定时转入管理"超链接查看。

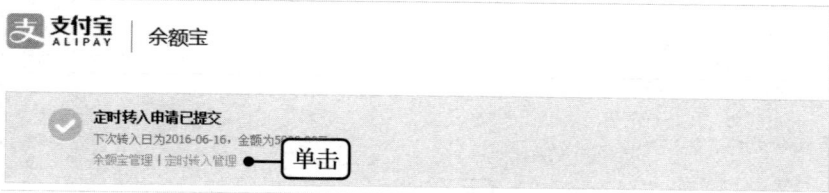

投资者只需要提前设置好转入金额和转入时间，就能够获取更多收益。余额宝中的定时转入功能是"工薪族"的理财首选，同样也适用于"月供族"，余额宝自动转出到银行，用于还房贷和车贷。

2. 积少成多的余额宝自动转入

在余额宝平台中会看到系统推送的公告："开启余额宝自动转入，不放过每1分收益。"这就是余额宝的自动转入功能。

自动转入是余额宝的一项长期增值服务，投资者在设置支付宝账户余额保留金额后，超过的金额就会转入余额宝，积少成多提升收益。下面将以开启余额宝的自动转入功能为例，介绍设置自动转入的步骤。

Step01　投资者登录到余额宝个人中心，在"自动赚"板块中选择"余额自动转入"选项，单击"设置"按钮。

Step02　跳转到"自动转入"页面，投资者先设置账户余额保留金额，再单击"同意协议并确定"按钮。

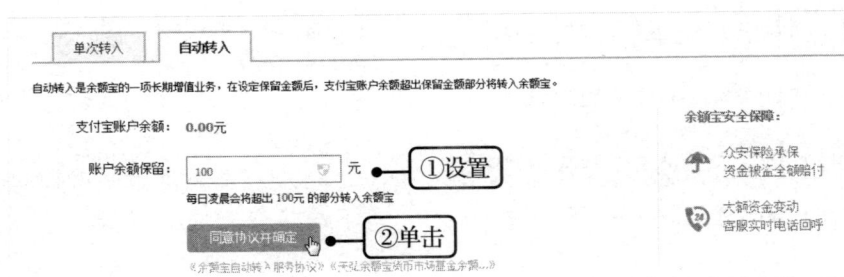

Step03　设置成功后，系统会提示投资者"自动转入设置成功"，投资者可以单击"返回余额宝"超链接对自动转入进行设置。

　　投资者开启余额宝自动转入功能后，支付宝账户余额的钱就会自动转

入到余额宝中，免去手动操作的麻烦，适合于"懒人"理财。

3．余额宝的最佳转入时间

余额宝理财要把握好投资时间，才能够获得更多的收益。那么，余额宝开始计算收益的时间是多久呢？首次发放收益的时间又是多久呢？

通常情况下，投资者将资金转入余额宝的第二个交易日，由基金公司进行份额确认，对于已经确认的份额，基金公司当天产生收益，次日 15：00 之前到账；15:00 后转入的资金顺延一个交易日确认，双休日以及国家法定节假日，基金公司不进行份额确认。具体的收益发放时间如表 3-3 所示。

表 3-3　余额宝收益确认和首次发放时间

转入时间	确认份额	首次发放收益时间
周一 15:00（含 15:00）～周二 15:00	周三	周四
周二 15:00（含 15:00）～周三 15:00	周四	周五
周三 15:00（含 15:00）～周四 15:00	周五	周六
周四 15:00（含 15:00）～周五 15:00	下周一	下周二
周五 15:00（含 15:00）～下周一 15:00	下周二	下周三

余额宝每天的收益都不同，其收益计算公式如下所示：

到账收益 =（余额宝确认金额 /10000）× 当天基金公司公布的每万份收益

例如，余额宝的万份收益为 0.65，投资者在周一早上 8 点转入 1 万元，那么在周三可获得收益为 10000 ÷ 10000 × 0.65=0.65 元。

投资者在余额宝中理财需要精准把握转入时间，因为在周末和国家法定节假日不进行份额确认，如果在此期间转入，投资者不会获得任何的收益。此外，建议投资者转入余额宝的金额为 100 元以上，如果当前的收益不到 1 分钱，系统可能不会分配和积累收益。

📡 3.4 支付宝的风险低，但是仍然存在

> 第三方支付平台面临着多重风险，例如，系统攻击、盗用、欺诈和套现等。而支付宝作为国内最大的第三方支付平台，面临的风险更严峻，尽管支付宝团队已经将支付宝的风险控制到最低，但是风险仍然存在，投资者需要提高警惕，确保资金的安全。

1. 密码太多，忘了密码怎么处理

如果用户忘了支付宝的登录密码，则需要立即找回密码，避免资金的损失。接下来以"找回支付宝登录密码"为例，讲解如何快速找回支付密码。

Step01 用户登录到支付宝个人中心，切换到"账户设置"页面，在基本信息中选择"登录密码"选项，单击右侧的"重置"超链接。

Step02 跳转到重置登录密码页面，用户直接输入当前登录密码，再输入新登录密码并确认，最后单击"确定"按钮。

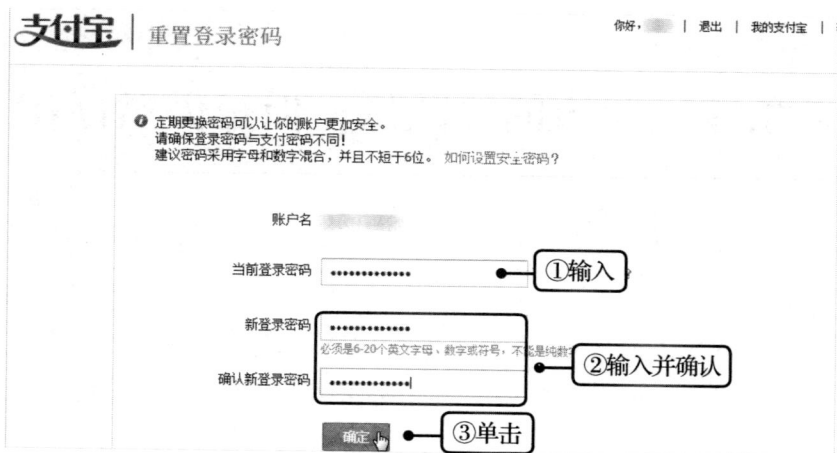

Step03 修改过后，系统会提醒用户"修改成功，请牢记新的登录密码"，用户可以单击"返回我的支付宝"超链接进入个人中心。

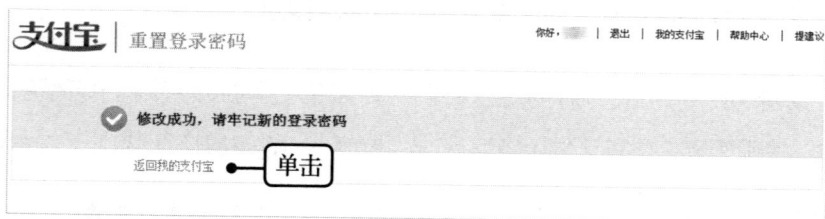

通常情况下，投资者应定期修改支付宝的登录密码和支付密码，以确保资金的安全。

2．登录密码太过简单，有其他的保护操作吗

如果支付宝的登录密码设置过于简单，用户担心账号被盗用，可以积极寻找其他的登录保护。下面将以支付宝客户端为例，介绍如何在客户端设置登录保护。

Step01 用户登录支付宝客户端，切换到"我的信息"页面中，点击"设置"选项，在"设置"页面中选择"安全设置"选项。

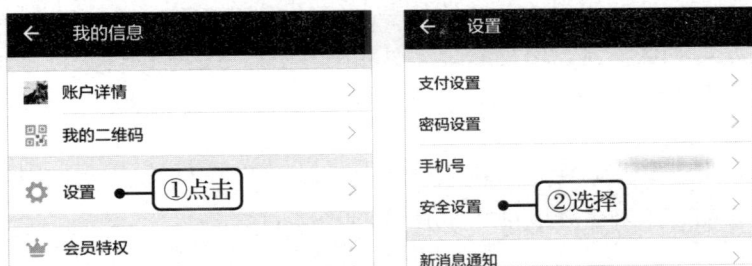

Step02 在"安全设置"页面中，用户可以选择任意一种方式，例如"手势"，在"手势"页面中，点击滑块开启"手势密码"功能，系统会提示用户"只有在进入财富等应用时需要手势密码"，点击"知道了"按钮。

Step03 在"设置手势密码"页面中绘制手势，设置成功后，用户再进入财富应用时，会要求用户输入手势密码。

3. 为什么我还没有确认支付，系统却自动支付了

很多用户在使用支付宝客户端进行支付的时候，会存在这样的疑惑："为何我还没有确认支付，但是系统却自动支付了？"这是因为支付宝系统默认开启"小额免密支付"功能，用户只需要将小额免密支付功能关闭即可。

用户登录到支付宝客户端的设置中心，在"支付设置"页面中点击相应滑块关闭"小额免密支付"功能，如图 3-9 所示。

图 3-9　关闭"小额免密支付"功能

用户关闭了"小额免密支付"功能后，支付宝产生任何交易行为都必须输入密码，确保支付宝中的财产安全。

4. 手机丢了，支付宝被盗用了怎么办

随着移动支付逐步渗入到日常生活中，越来越多的用户会在支付宝上进行购物、转账和理财等。但是手机、银行卡和身份证同时被盗，用户的资金就可能会面临重大的损失。那么，如果出现支付宝被盗的情况，用户可以采取哪些措施挽回和弥补呢？

◆ **更改支付宝登录和支付密码**：在第一时间内重新补办手机卡，立即更改支付宝的登录密码和支付密码。

◆ **拨打支付宝官方客服热线**：如果支付宝账户被盗用，用户需要立即拨打支付宝唯一官方客服电话95188，申请快速挂失，冻结账户，并申请理赔。被盗金额在2000元以上的，理赔流程中需要由公安机关开具报案证明，被盗金额在2000元以下的，支付宝则先行理赔给用户，然后由支付宝公司联系警方立案调查。

◆ **去派出所报警立案**：如果支付宝被盗的资金金额过大，用户需要去派出所报警立案，借助警方的力量追回资金。

除了以上的解决措施之外，用户还可以为支付宝"买保险"——支付宝账户安全险。支付宝账户安全险专门为用户提供全面的不限次数、全额理赔、案件快速响应和全程在线理赔等保障服务，其赔付内容如下所示。

◆ **赔付范围**：支付宝账户中所有因被盗而造成的直接损失，包括账户余额、余额宝、招财宝资产和理财资产等。

◆ **赔付时限**：从购买日起一个自然年。

◆ **赔付次数**：无限次赔付。

◆ **赔付金额**：一个自然年内累计可赔付100万元。

实际上，即使用户没有购买支付宝账户安全险，如果遇到账户资金被盗的情况，支付宝也会在3个工作日之内进行全额理赔，最高赔付金额同样是100万元。唯一的区别在于，购买了账户安全险的用户享受一个自然年之内无限次全额赔付，没有购买安全险的用户一年内仅能享受一次全额赔付。

【提示注意】

如何防范支付宝账户被盗？因为支付宝安全系统已经比较成熟，用户只需要注意基本的网络安全常识即可。（一）支付宝登录密码和支付密码尽量与其他平台的密码区别开，设置安全性较高的组合密码；（二）不要随意扫二维码或点击不熟悉的链接；（三）若系统提示账号的登录异常，则尽快修改和锁定账户。

5. 支付宝的挂失流程是怎么样的

如果用户的支付宝账号被盗，需要立即进行挂失，那么，一般的挂失流程是怎么样的呢？下面将以支付宝客户端为例，为用户讲解如何快速挂失支付宝。

Step01 用户登录到支付宝客户端，切换到"我的信息"页面，选择"设置"选项，在"设置"页面中选择"安全设置"选项。

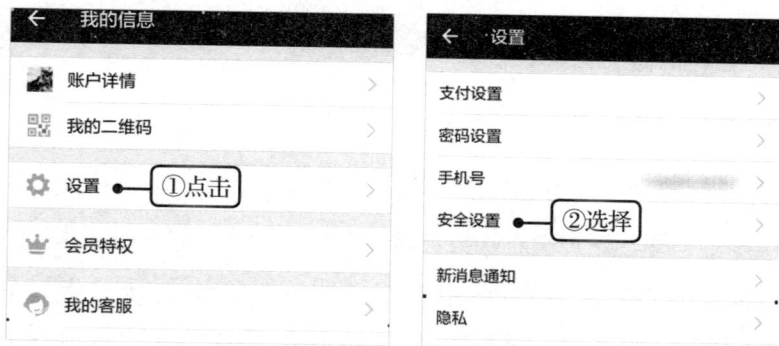

Step02 在"安全设置"页面中选择"安全中心"选项，在"安全中心"页面中选择"快速挂失"选项。

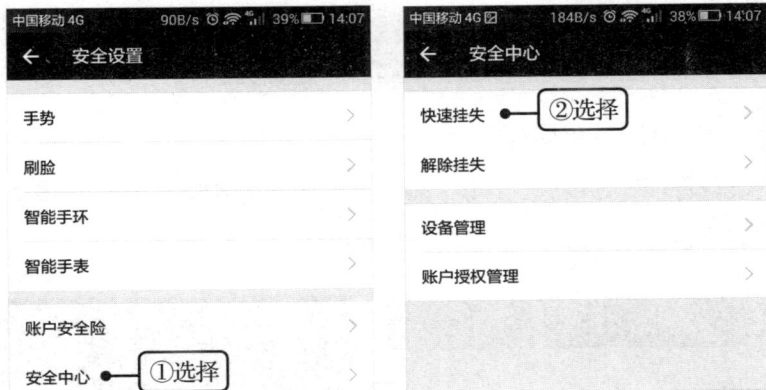

Step03 在"快速挂失"页面中点击"立即挂失"按钮，系统会提示用户账号"挂失成功"，然后再选择挂失的原因，例如"手机丢了"，最后点击"确定"按钮。

如果支付宝账户出现被盗的情况，在支付宝客户端立即挂失是最快的，挂失成功后账户暂时无法使用，资金不进不出，解除挂失前，其他人无法登录。因此，用户一定要把握住挂失的黄金时机。

6. 可以限制其他移动设备登录我的支付宝吗

如果用户的手机遗失，为了保证账户资金的安全，用户还可以对其他的移动设备进行限制。用户可以在设备列表中删除某些设备，一旦删除后，在此设备上登录支付宝客户端需要重新输入密码登录。

如图 3-10 所示，用户登录到支付宝个人中心，在"安全中心"页面选择"设备管理"选项，在"设备管理"页面，选中需要删除的移动设备，点击"删除设备"选项就完成了其他移动设备的登录限制设置。

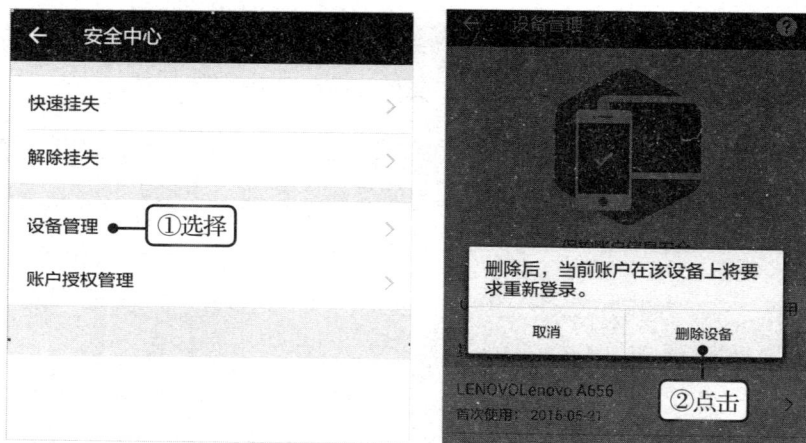

图 3-10　限制其他移动设备登录支付宝账户

限制其他移动设备登录支付宝账户主要是针对用户手机遗失而做出的保护行为，但是为了确保账户资金的安全，建议用户尽快修改登录密码和支付密码。

微信理财

京东钱包

联合抗衡支付宝——理财通和京东钱包

随着利率下行，年化收益率 4% 以上的理财产品已经成为稀缺品。不少投资者甚至到银行排队去抢，因为理财产品数量有限，仅有小部分投资人能够抢到。鉴于此，投资者如何才能获得稳健的高收益理财产品呢？微信理财和京东金融这两个平台也许可以作为选择。

4.1 玩微信的同时也能赚钱

2015 年 6 月 1 日，腾讯正式公布了 2015 年微信的业绩，微信每月活跃用户达到 5.49 亿，移动支付用户超过 4 亿，直接带动了 110 亿元的消费。所以，本节将讲解如何利用微信来理财。

1．随时随地都可以理财的理财通

理财通是腾讯官方理财平台，于 2014 年 1 月正式上线。理财通为投资者提供了多元化的理财服务，同时支持官网、微信及手机 QQ 这 3 个平台登录。

微信用户在微信钱包中点击"理财通"选项卡，页面就跳转到理财通的首页，如图 4-1 所示。

图 4-1　理财通首页

当投资者登录到理财通首页，可以查看到各种理财产品，包括货币基金、保险理财、指数基金和定期理财等。投资者在进行投资之前，平台会对投资者进行投资风险测评，如图4-2所示。

图 4-2 投资风险测评

投资者通过风险测评，能了解自身的风险偏好和风险承受能力，能够做出理性的投资决策，避免盲目投资。

在理财通平台中，金融机构作为金融产品的提供方，负责金融产品的结构设计和资产运作，为用户提供账户开立、账户登记、产品买入、收益分配、产品取出和份额查询等服务，保障投资者的合法权益。

平台会按照风险偏好和理财经验对投资者进行分类，主要分为"小白"、具有一定经验的人士和专业人士，那么，接下来我们将介绍如何在微信中投资理财。

2．适合"小白"的低风险投资——基金理财

在货币基金平台中专门为"小白"投资者设置了投资专区，该专区的理财产品风险较低，理财方式灵活，主要有货币基金、定期理财和指数基金3类产品，具体定义如下所示。

◆ **货币基金**：是一种用于短期货币市场工具的开放式基金，具有低风险、高流动性、收益稳定和低门槛的特征。其投资范围主要包括银行定期存单、国债、央行票据、商业票据以及信用等级较高的企业债券等短期有价证券。

◆ **定期理财**：属于短期理财债券型基金，是证券投资基金中风险较低的品种，其预期风险水平高于货币基金，低于混合型基金、股票型基金和普通债券型基金。其投资范围主要包括银行存款、现金、大额存单、债券回收、短期融资券、国债、央行票据、中期票据以及证监会允许投资的其他固定收益率金融工具。

◆ **指数基金**：是由基金公司运作，以特定的某个指数为跟踪对象的基金产品，通常是"指数涨基金涨，指数跌基金跌"。因此，指数基金属于高风险产品，投资过程中可能会存在亏损的情况。

综上所述，在了解了这3类理财产品之后，最适合"小白"投资者的理财工具是货币基金和定期理财。尽管货币基金和定期理财的"相似度"较高，但是投资者在选择产品之前，还是应该弄清楚不同产品的区别。

实际上，货币基金和定期理财在投资标的和投资范围方面都基本相同，主要区别是以下3点，如图4-3所示。

第一点	投资债券的比例

证监会规定货币基金投资信用债券比例不能超过净值的40%，而定期理财则无此项规定。

第二点	投资资产周期上限

证监会规定新发的货币基金最高期限为120天，而1个月定期理财可以达到150天，2个月定期理财产品周转最高可以达到180天。

第三点	组合杠杆上限

证监会规定货币基金投资杠杆比例只能达到120%，作为债券基金的一种，定期理财产品则可以达到净值的140%。

图 4-3 货币基金和定期理财的区别

在了解了货币基金和定期理财这两款产品的区别后，接下来将以货币基金为例，教广大投资者如何购买货币基金。

Step01 登录到微信理财通首页中，在"基金理财"栏中选择"货币基金"，在"货币基金"页面中即可查看到多种产品。为快速查询到年化收益率最高的产品，在基金列表的排序下拉列表中选择"近一年年化"选项。

Step02 排序的结果页面中，即可查看到理财产品按照近一年年化收益率从高到低进行的排序，选择"易方达基金易理财"选项，在该理财工具的详情页中可以查看到"近七日年化"和"万份收益"情况。

Step03 在产品的详情页中，投资者需要查看产品的交易规则、风险提示、基金介绍和基金经理介绍等信息，在了解清楚产品的系列规则之后，点击"买入"按钮购买产品，在产品订单页面中，输入购买的金额，选中"同意服务协议及风险提示"前的复选框，最后点击"买入"按钮完成购买。

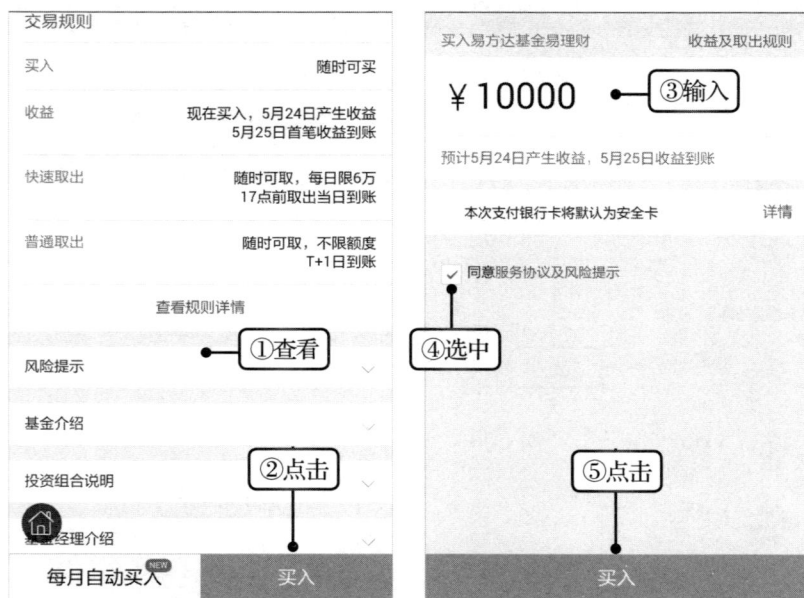

对于投资者而言，在货币基金和定期理财之间该如何选择，要根据自身的实际情况而定，追求高收益的同时能够承受一定风险的投资者可以选择定期理财产品，而对资金流动性有较高要求的用户可选择购买货币基金。结合两款不同的理财产品，投资者也可以进行组合投资，一部分资金购买定期理财产品以获取高收益，一部分资金用于购买货币基金，保证资金的流动性，以备不时之需。

3．适合有经验人士的投资——保险理财

对于有一定理财经验的投资者，理财通也专门设置了相关的理财区——保险理财。目前，理财通平台为投资者提供的保险理财产品包括投连险和养老险，其风险高于货币基金和定期理财，该款理财产品的主要特点就是申购门槛低、投资范围广且投资周期灵活，与传统意义上的保险相比，主要存在以下的区别，如图4-4所示。

第一点	不具备保障功能

保险理财产品仅为投资者提供专业的投资理财服务，不具备传统保险的医疗、意外、教育和事故等保障功能。

第二点	申购和赎回方式

其他养老保险产品大多数采取定期缴费，缴费满一定年限后，按照定期的方式返回本息的模式；而保险理财产品支持随时申购赎回，申购T+1日开始计算收益，赎回T+1日到账，在封闭期结束后一次性取出本金和收益。

图 4-4 理财保险和传统保险的区别

在清楚了保险理财的基本功能和分类后，下面将学习如何在理财通平台中购买保险理财产品。

Step01 登录到微信理财通首页，选择"保险理财"理财工具选项，在"保险理财"页面中即可查看到各类保险产品，选择年化收益率较高的产品，例如"光大永明定活保365"。

Step02 在理财产品的详情页中，投资者可以查看到产品的基本信息，包括预期年化收益率、锁定期、起购金额和风险等级，投资者继续查看产品的买入须知和取出须知，其中买入须知包括买入上限、收益规则、产品介绍、收益率公告和保险公司介绍等信息，而取出须知则包括取出金额、到账时间和取出费率。在熟悉产品的买入规则之后，点击"买入"按钮购买产品。

Step03 在产品的购买页面中，系统会提示用户关于产品的锁定期时长、犹豫期取出规则以及犹豫期过后的取出费率，投资者确认之后点击"我知道了"按钮，在产品订单页面中，输入投资的金额，填写地址，选中"同意服务协议"前的复选框，最后点击"买入"按钮。

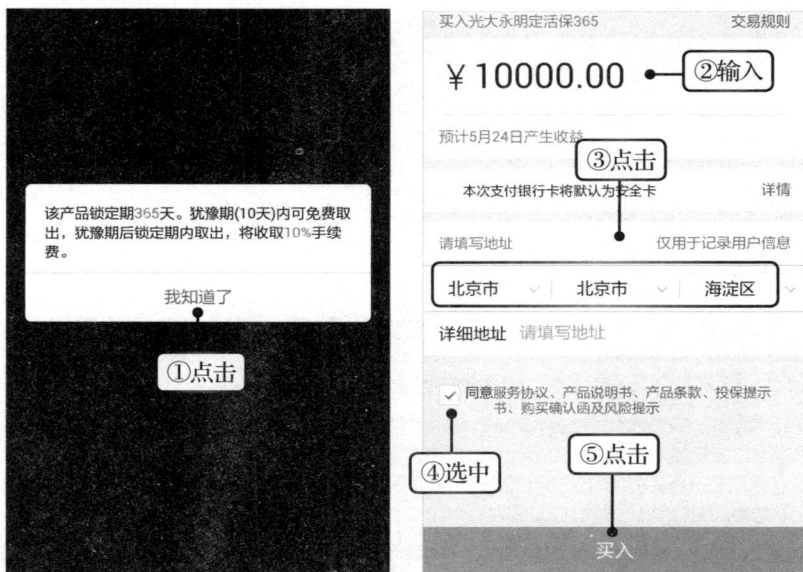

理财通平台提供的理财产品不具备传统意义上的保障功能，但是凭借高收益却备受投资者的青睐，并且申购和赎回过程更为灵活，但相应地，理财风险也会相对更高。

投资者选择理财产品的主要依据是查看产品的整体收益是否稳健、投资范围是否涉及股票、公司平台是否有保障。通常情况下，理财风险主要受到政策调整、信用违约、变现能力不足等多方面的影响，如果理财产品在短期内需要大量的资金兑现，集中抛售债务也可能会发生亏损。

4. 适合专业人士的投资——专项理财

理财通平台首次尝试和证券公司合作，推出理财产品——券商理财，而这款理财产品比较适合投资方面的专业人士。

券商质押式报价回购简称"报价回购"，是指证券公司将符合要求的自有资产作为质押物，以质押物折算后的标准券数量所对应的金额作为融资的额度，通过报价的方式向证券公司的符合条件的客户融入资金，同时约定证券公司在回购到期时向客户返还融资的额度、支付相应的收益。

目前，在理财通平台中的报价回购产品是中信证券天天利财。这是一款由中信证券于 2013 年首度推出的面向场内投资者的理财产品，2015 年经过深交所审批后成为质押式报价回购产品。从总体看来，该产品主要具有以下的特点，如图 4-5 所示。

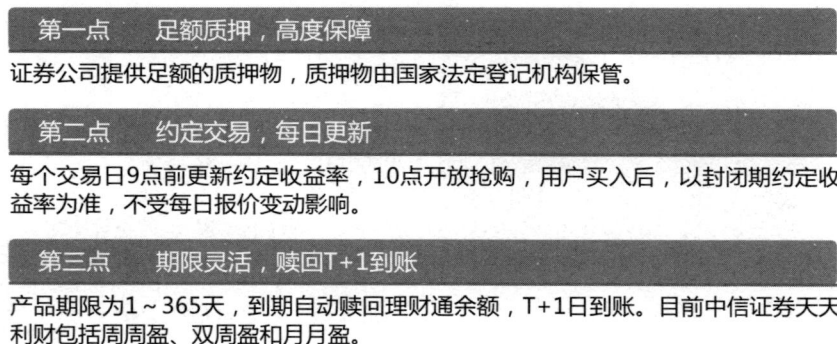

第一点	足额质押，高度保障

证券公司提供足额的质押物，质押物由国家法定登记机构保管。

第二点	约定交易，每日更新

每个交易日9点前更新约定收益率，10点开放抢购，用户买入后，以封闭期约定收益率为准，不受每日报价变动影响。

第三点	期限灵活，赎回T+1到账

产品期限为1～365天，到期自动赎回理财通余额，T+1日到账。目前中信证券天天利财包括周周盈、双周盈和月月盈。

图 4-5　券商质押式报价回购的特点

券商质押式报价回购具有低门槛、实时报价、高收益率和投资人自助配置产品期限这四大特点。所以，接下来将详细介绍如何在理财通中进行报价回购投资理财。

Step01 登录到微信理财通首页，点击"专项理财"选项卡，在"专项理财"栏中选择"券商质押式报价回购"选项。在同等年化收益率的情况下，投资者根据理财需求选择产品，例如选择"中信证券天天利财月月盈"理财产品选项。

Step02 在产品详情页中，投资者可以查看到约定年化收益率、封闭期和起购金额等基本信息，继续查看产品的详细信息，包括交易规则、风险提示和产品介绍，最后点击"买入"按钮购买产品。

Step03 在产品购买页面中，系统会再次提示投资者开户确认时间、计算收益时间和封闭期收益，点击"我知道了"按钮，在订单页面中输入投资金额，选中"同意服务协议及风险提示"前的复选框，最后点击"买入"按钮。

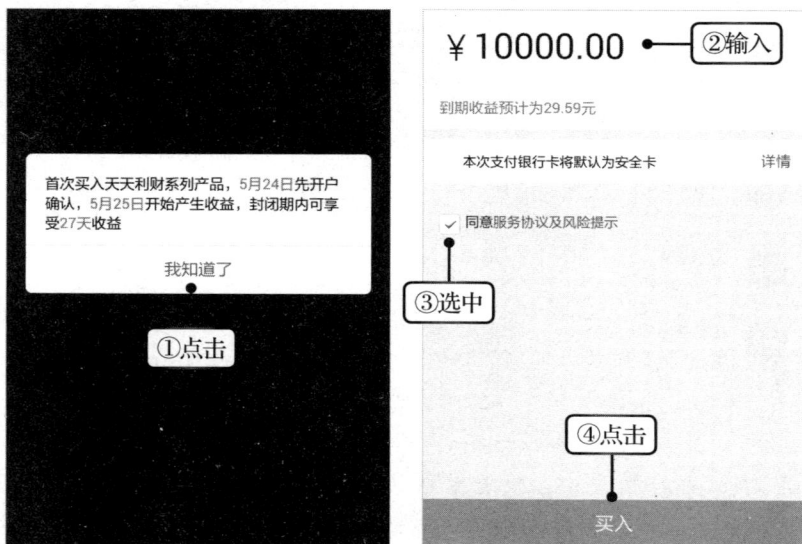

由于券商质押式报价回购的投资风险较低，证券公司从合约约定和约定足额质押物这两方面对交易进行包装，因此，出现亏损的可能性较小。这类理财产品也比较适合"小白"投资者，但是，在部分特殊的情况下也可能出现风险，例如，证券或资金划付失败、质押物不能足额担保有报价回购债务、证券公司被暂停或终止报价回购权限。

【提示注意】

在券商质押式报价回购理财产品中，质押物可以是符合交易所相关规定的债券、基金份额及交易所和国家法定登记机构认可的其他证券或者现金。

5. 平台理财经验交流区——理财大学堂

在理财通平台，为了帮助投资者获取更多实用的理财技能，专门设置了理财交流区——理财大学堂，如图 4-6 所示是理财大学堂官网首页，主要有金融知识、理财妙招、使用技巧、热点资讯和理财故事五大板块，下面分别来了解各大板块所涵盖的知识。

图 4-6　理财通理财大学堂官网首页

◆ **金融知识**：在金融知识板块中系统讲解了理财通平台上理财产品的相关知识，包括债券型基金、万能险和货币基金等。

◆ **理财妙招**：在理财妙招板块中介绍了一些实用的理财绝招，例如，如何炒股、白领理财痛点、如何购买养老保险及域名投资等。

◆ **使用技巧**：在使用技巧板块中概括性介绍理财通产品如何使用，例如，货币基金的起投金额、货币基金与高利存款的区别、理财通收益计算方法、快速取出和普通取出的不同。

◆ **热点资讯**：热点资讯板块立足于当前的金融市场行情，为投资者提供了最新的金融资讯，帮助投资者更好地了解市场，把握投资的黄金时机。

◆ **理财故事**：在理财故事板块中，以小故事的形式为投资者介绍了理财的方法，例如，复利理财法、阶梯理财法和组合理财法。

不同投资层次的投资者，都能够在理财大学堂里获取到一定的理财技能，尤其是理财"小白"，在掌握了相关的理财技能后才能够快速地在理财通平台投资赚钱。

4.2 京东钱包，潜力无限的理财平台

> 京东钱包是京东商城旗下的支付平台，能安全、便捷且轻松地帮助用户实现在线转账、支付和理财，也是投资者首选的理财平台之一。

1. 闲散资金放入小金库就能赚钱

京东小金库于 2014 年 3 月上线，是京东金融为用户提供的个人资产增值服务，目的在于使用户的闲散资金能够获得高于普通储蓄的收益。小金库对接的嘉实活钱包货币基金和鹏华增值宝货币基金都是按照"每日分配、支付收益"的分配方式来鼓励投资者进行投资，而关于小金库的其他相关问题如下所示。

◆ **如何计算收益**：京东小金库收益＝（京东小金库内已确认份额的资金 /10000）× 当天基金公司公布的每万份收益。京东小金库的收益是每日结算且复利计算收益，获得的收益将自动作为本金，第二天重新获得新的收益。

◆ **收益何时到账**：转入京东小金库的资金在第二个工作日由基金公司进行份额确认，对已确认份额开始计算收益，收益将计入小金

库资金内。在每日 15:00 以后转入的资金会顺延一个工作日确认，双休日及国家法定假期，基金公司不会进行份额确认。

◆ **小金库收益是否缴税**：根据《财政部、国家税务总局关于证券投资基金税收问题的通知》，对于投资者从基金分配中获得的股票股息、红利收入以及企业债券的利息收入，由上市公司和发行债券的企业在派发股息、红利和利息时代扣代缴 20% 的个人所得税，所以，基金向个人投资者分配股息、红利和利息时，不再代扣代缴个人所得税。

◆ **小金库转入金额和次数**：转入京东小金库的资金，单笔金额 ≥ 1 元。根据基金行业历史经验，若当天收益不到 1 分钱，系统可能不会分配收益，且不会累积；京东小金库转入嘉实活钱包或鹏华增值宝，单日单笔限额 500 万元，单日无限次转入，每月无最大额度限制。

◆ **小金库转出金额和次数**：京东小金库中的资金提现至银行卡时，单笔限额为 5 万元，单日限次 3 次，单日限额为 15 万元，单月累计无限额。京东小金库转出至网银钱包单笔限额为 5 万元，单日限次 3 次，单日限额为 15 万元，每月最大额度限制为 100 万元。14:00 前提现次日到账，14:00 后提现第三日到账，每日最多可操作 10 次。

在了解了小金库的相关规则后，下面将学习如何将银行卡中的零钱转到小金库中。

Step01 用户登录到京东钱包客户端，切换到理财页面，点击"京东小金库"按钮，跳转到小金库页面可查看到不同的理财产品，点击"去赚钱"按钮。

Step02 在产品页面中，用户可看到不同理财产品，例如，选择"嘉实活钱包货币基金"选项，点击"下一步"按钮，跳转到结算界面，选择银行卡，输入转入金额，点击"下一步"按钮。

Step03 进入支付页面，系统会向用户发送短信验证码，用户输入验证码后点击"确定"按钮，转入成功后，系统会提示用户成功转入，同时显示收益时间和收益到账时间，最后点击"完成"按钮。

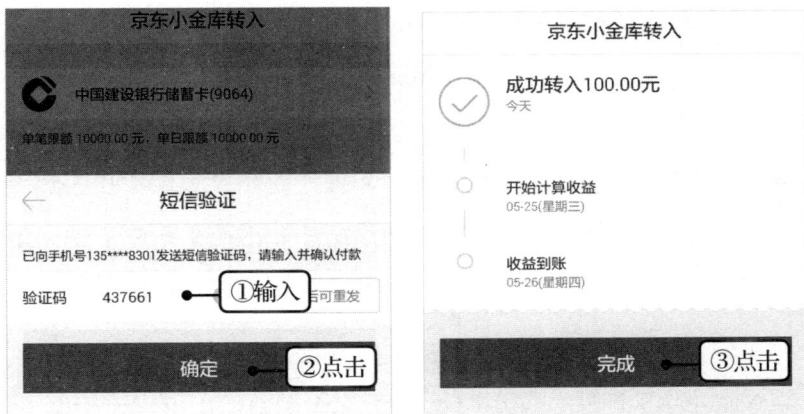

京东小金库跟支付宝的余额宝相似，都是属于吸引投资者将闲散资金进行投资，并且支持在京东商城中消费，既能满足投资者的小额投资需求，又能拓展京东商城的支付渠道，实现双赢。

2. 为新手量身打造的"小白"理财专区

京东"小白"理财是京东金融推出的一款面向"小白"投资者的理财工具。"小白"理财专区的产品都是平台精选的稳定高收益产品，投资者无需掌握专业的理财技能，只需根据不同理财期限选择适合的产品。关于"小白"理财的具体介绍如下所示。

◆ **"小白"理财中显示预计收益**：每日的年化收益率都会有一定的波动，收益也会随之波动，预期收益只作为投资者的参考，最终以实际收益为准。

◆ **为什么需要填写购买人信息**：此类产品属于保险理财产品，根据国家法律和政策要求，保险理财产品需填写购买人信息。

◆ **产品产生收益的时间**：产品在购买成功的第二个自然日开始计算收益，在第三个自然日收益到账。

◆ **产品取出的时间和到账时间**：天天盈产品在保单生效后随时可取，定期产品在到期前也可以取出，但是会产生一定的手续费，一般在 3 个工作日到账。

◆ **购买产品最长理财期是 6 年**：如果投资者不准备取出资金，则最长可持有期限是 6 年。若 6 年后投资者还不准备将资金取出，此时平台也会强行将本金和利息退还给投资者，若到期未赎回也不会继续享受收益。

京东"小白"理财的购买平台包括京东金融 PC 端、京东钱包客户端和微信端。接下来以京东钱包客户端为例，讲解如何在"小白"理财专区进行投资。

Step01 用户登录到京东钱包客户端，切换到理财页面中，点击"定期理财"按钮，跳转到定期理财页面中就可查看到所有理财产品，投资者可自行选择，这里选择"京弘半年盈"，点击"立即购买"按钮。

Step02 在产品"填写信息"页面中，设置购买产品的数量，选择付款的方式，再填写个人信息，其中包括联系手机、邮箱和联系地址，最后点击"立即

支付"按钮。

填写信息

京弘半年盈

4.80

历史年化投资回报率(%)

每份1000元，最多购买199份

———— 1 ————　　●——①设置

1000.00

购买金额（元）

选择付款方式

中国建设银行储蓄卡(9064)　　●——②选择

单笔限额 100000.00元，单日限额 9999999.00元

购买人信息（仅能用购买人本人的银行卡购买）

单笔限额 100000.00 元，单日限额 9999999.00 元

购买人信息（仅能用购买人本人的银行卡购买）

姓名

身份证号

联系手机　　　　　　　　　　　　　●——③填写

邮箱

请选择省市　　　　　　　　　　　 >

联系地址

用户风险评测　　　　　　风险回避型 >

签约地：北京

✔ 我已阅读并同意《产品合同》《支付服务协议》
《保险经纪服务协议与客户告知书》

立即支付　　　　●——④点击

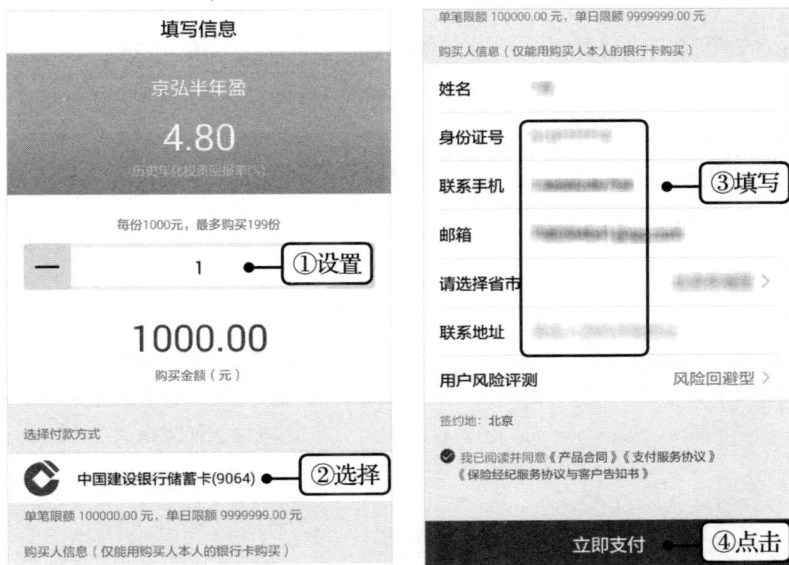

Step03 在"支付信息"页面中，系统会提示用户交易信息，确认后点击"确定支付"按钮，系统给投资者发送短信验证码，投资者收到短信后输入验证码，最后点击"确定"按钮。

×　　　　支付信息

1000.00元

支付方式　　中国建设银行借记卡

●——①点击

确定支付

←　　　短信验证

请输入手机号　　　　收到的短信验证码

验证码　　554668　　●——②输入　　重发

确定

●——③点击

以上就是在"小白"理财专区投资的详细步骤，由于最后的支付环节中，系统会向投资者发送验证码，为了保证资金的安全，投资者不要向任何人泄露验证码。

3. 固收理财是保守型投资者的不二选择

固收理财是指按照事先约定好的收益率获得收益的投资，例如，债券和存单到期后，投资者即可获得约定的收益。

京东金融平台推出了固收理财产品——金点点。固收理财金点点包含了"金点点—月月收"和"金点点—稳稳赚"两款产品，具体的区别如表 4-1 所示。

表 4-1　金点点—月月收和金点点—稳稳赚的区别

产品名称	金点点—月月收	金点点—稳稳赚
目标投资者	年满 18 周岁自然人	满足条件投资者
投资门槛	50 元起	5000 元起
投资收益率	6% ~ 11%	6% ~ 8%
投资周期	1/3/6/9/12 个月	6 ~ 24 个月
还款方式	等额本息，每月返款	到期一次性还本付息
担保方式	保险公司承保 100% 本息保证	担保机构承保 100% 本息保证
变现能力	债券转让	可变现
起息日	16:00 前满标，当日起息 16:00 后满标，T+1 起息	募集成功后第二个工作日
还款到账日	还款日后 3 个工作日	还款日后 3 个工作日
特征描述	（1）高收益：预期年化高 （2）低门槛：50 元起投 （3）高保障：保险公司承保 （4）超灵活：债券转让	（1）稳收益：约定年化收益 （2）强保障：担保机构承保 （3）定优势：超高收益理财

京东金融平台中对金点点的支付限额也制定了相关的规定，具体如表 4-2 和 4-3 所示。

表 4-2　金点点—月月收的支付限额

序号	银行	单笔（万元）	单日（万元）
1	中国工商银行	1	5
2	中国建设银行	1	1
3	中国银行	1	1
4	交通银行	5	5
5	招商银行	2	2
6	中信银行	5	20
7	光大银行	5	5
8	华夏银行	1	1
9	广发银行	2	2
10	中国农业银行	1	1

表 4-3　金点点—稳稳赚的支付限额

序号	银行	单笔（万元）	单日（万元）	单月（万元）
1	中国农业银行	2	2	60
2	中国工商银行	5	5	150
3	招商银行	5	5	无限额
4	中国银行	5	20	600
5	中国建设银行	50	无限额	无限额
6	光大银行	50	100	3000
7	华夏银行	50	100	无限额
8	中信银行	50	100	无限额
9	兴业银行	5	5	150
10	中国邮政储蓄银行	0.5	0.5	15
11	平安银行	50	100	无限额
12	浦发银行	0.5	0.5	无限额
13	广发银行	50	无限额	无限额

14	民生银行	50	100	3000

相比于其他理财产品，固收理财的风险低，收益高，适合保守型投资者。关于固收理财必须要了解的知识如下所示。

◆ **满标**：指一个借贷项目在招标期内足额筹集到所需的资金而等待放款的状态。

◆ **发标**：指平台发布借贷人借贷项目的行为。

◆ **投标**：指投资人将指定金额借出给借贷人的行为。

◆ **金点点产品赎回**：金点点—月月收可通过债券转让赎回，债券转让会产生服务费，转让服务费＝实际成交的金额×0.2%；金点点—稳稳赚可通过发起"金点点—买买提"提前赎回。

◆ **债券转让**：金点点—月月收的投资者如果在投标后需要流动资金，则持有期超过 30 天后可通过出售给其他符合条件的债券投资人实现转让。

◆ **买入债权的收益**：预期收益为 6% ～ 11%，具体收益由债权出让人所定，债权出让人以公允为参考自由定价。公允价格＝全部剩余本金＋每日利息×（转让日期－上期还款日－1）。

◆ **金点点—买买提**：金点点—买买提是京东金融推出的个人借贷服务，产品的借贷用户均为已投资固收理财的用户，还款来源为持有人固收理财兑付资金。

投资者在了解了固收理财的相关知识后，就可以在平台上进行理财了。下面以京东金融客户端为例，讲解如何进行固收理财。

Step01 用户登录到京东金融客户端，切换到理财页面，点击"固收理财"按钮，跳转到固收理财页面，投资者可查看到所有理财产品，例如，选择"聚财京穗宝 4 号理财计划 752"，点击"立即购买"按钮。

Step02 在产品的购买页面中，输入购买的金额，点击"购买"按钮，系统会给用户发送验证短信，用户直接输入短信的验证码，最后点击"确定"按钮即可完成购买。

以上就是购买固收理财产品的大致流程，由于客户端享有专属产品的购买"特权"，即能购买到更高收益的理财产品，因此，建议投资者在客户端进行投资。

另外，投资者还可以在二级市场购买理财产品，即"金点点—买买提"。

通常情况下，投资者买入债权，预期的收益为 4.5% ~ 11%，具体的收益也由债权出让人设定，债权出让人也以公允价值为参考自由定价，具体的计算方法如下所示。

公允价值 = 全部剩余本金 + 每日利息 ×（转让日期 − 上期还款日 −1）

公允价值（Fair Value）也被称为公允市价和公允价格，是指熟悉市场的情况下，买卖双方在公平交易的条件下自愿确定的价格。公允价值的最低转让价必须 > 0 元，最高转让价 ≤ 公允价值 + 剩余利息 × 10%。

如果投资者购买了固收理财产品之后，出现了急需资金的情况，可以申请变现，而关于固收理财产品申请借贷变现仍需要满足一些条件，具体如图 4-7 所示。

1 目前，借贷变现仅支持金点点—稳稳赚产品，产品信息上注明"可变现"字样的可以变现，其他产品暂时无法变现。

2 变现发起人年龄为18~65周岁。

3 稳稳赚投资者可在产品起息后提出变现。

4 所有产品必须在距离到期日的前3天以上（含）才可以申请变现。

5 已持有的产品金额少于2000元的不能申请变现。

6 发起变现需要开通京东小金库。

图 4-7 固收理财申请借贷变现的条件

.05

.PART.

众筹基础
知识

众筹理财
"选择款"

众筹理财
"查户口"

众筹理财
"避风险"

"互联网+"时代理财新思维——众筹

　　"互联网+"是互联网发展的一种新业态，也是一种经济社会发展的新形态，"互联网+"就是"互联网+各个传统行业"，为经济的发展提供广阔的网络平台，从而带动社会经济实体的生命力。在这样的局势下，新型贷款筹资方式——众筹便应运而生。

5.1 你不得不知的众筹知识

> 众筹，顾名思义就是大众筹资或群众筹资。发起众筹项目的人通过向社会大众筹集资金，来支持自己或公司的项目及产品。众筹可以用来支持各种活动，如灾害重建、竞选活动、创业募资、艺术创作、自由软件、设计发明和科学研究等。

1. 揭开众筹的前世今生

众筹最初是艰难奋斗的艺术家们为创作筹措资金的一个手段，现已演变成初创企业和个人为自己的项目争取资金的一个渠道。众筹网站使任何有创意的人都能够向几乎完全陌生的人筹集资金，消除了传统投资者和机构融资的中间障碍。

众筹的兴起，源于美国网站 Kickstarter，该网站通过搭建网络平台面对公众筹资，让有创造力的人获得他们所需要的资金，使他们的梦想有可能实现。这种模式的兴起打破了传统的融资模式，每一个普通人都可以通过众筹模式获得从事某项创作或活动的资金，使得融资的来源者不再局限于风投等机构，而可以来源于大众。于是，众筹在欧美逐渐成熟并推广至亚洲、中南美洲和非洲等地区。

而现代众筹是通过互联网方式发布筹款项目并募集资金。相对于传统的融资方式，众筹更为开放，项目商业价值也不再是能否获得资金的唯一标准。只要是网友喜欢的项目，都可以通过众筹方式获得项目启动的第一笔资金，为更多小本经营或创业的人提供了无限可能。

整个众筹过程包括 3 个主体结构，分别是发起人、众筹平台和支持者。发起人是有创造能力但缺乏资金的人；众筹平台是连接发起人和支持者的互联网终端；支持者则是对筹资者（发起人）的故事、项目或回报感兴趣的且有能力给予支持的人。相对于传统理财方式，众筹理财有哪些优势呢？

◆ **选择多样化**：众筹产品多种多样，项目类别包括设计、科技、音乐、影视、食品、漫画、出版、游戏和摄影等。理财人可以选择自己喜欢的、有很大盈利空间的众筹项目，通过支持这些项目来达到获取收益的目的。

◆ **所需投资成本不高**：众筹是面向广大群众发起的一种筹资方式，同一个项目可能会有上千人或上万人支持，在发起人确定的筹集总金额不变的情况下，支持者越多，每一位支持者所要投资的金额就会相应减少。有时，投资者只投 1 元也行，因此理财人作为投资者就能用较少的成本获取投资收益。

◆ **发现更多好的投资理财项目**：由于众筹是在互联网平台上进行，所以其具有明显的开放性，理财人作为投资者，在众筹过程中可以慢慢寻找有价值的理财项目或产品，丰富理财渠道和手段。

◆ **启发理财人自主创业**：众筹本身就是一种理财手段，很多小本经营或初创业者没有足够的资金，而银行或金融机构贷款的门槛较高，为了短时间内减轻创业经济负担，理财人就可以通过众筹的方式募集资金来支持自己的创业项目。

2. 众筹理财，总有一款适合你

在"全民理财"的时代，众筹成了人们眼中的"香饽饽"，比如权益类众筹、奖励式众筹和股权众筹等。不同的划分依据，可以将众筹划分为不同的类型，比如从筹资目的来划分，可以将众筹分为投资种类众筹、消费众筹和公益众筹等。不同的人适合的众筹理财产品不同，通过对众筹类型的了解后才能选择适合理财人的众筹理财产品。

■ 权益类——京东众筹

权益类众筹一般是指奖励式众筹，也就是商品众筹，理财人作为投资者为公司提供资金，从而获得公司的产品或服务。比如现在市场上炙手可热的京东众筹。从平台上线后，智能软件、流行文化、生活美学和公益等多个类别都进入到权益类众筹领域。

在京东众筹项目中，理财人选择自己感兴趣的项目，投资不同的资金，将会获得不同的产品。

项目名称为：可以"剥"的小黑糖护甲胶。理财人作为投资者对该项目进行不同金额的支持，然后得到不同价值的产品，如图5-1所示。

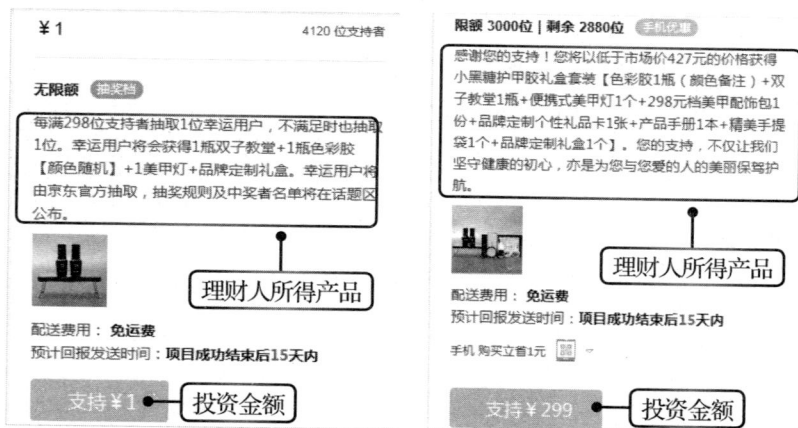

图 5-1　理财人选择京东众筹项目

由图中可以看出，理财人给项目投资，实际上是以低于所得产品市场价的价格购买了这些产品，类似于以一定的优惠或折扣买了与项目相关的产品。就理财人给项目投资 299 元为例，理财人如果不进行京东众筹，只是单独地购买小黑糖护甲胶礼盒套装〔色彩胶 1 瓶（颜色备注）+ 双子教堂 1 瓶＋便携式美甲灯 1 个＋298 元档美甲配饰包 1 份＋品牌定制个性礼品卡 1 张＋产品手册 1 本＋精美手提袋 1 个＋品牌定制礼盒 1 个〕，那么将花费 427 元，比起众筹中投资的 299 元，要多支出 128 元。也就是说，理财人通过众筹这一途径可以节省 128 元的消费支出。

除了京东众筹外，苏宁也成立了众筹项目部，其前期同样是以硬件为主，并且将逐渐覆盖实物众筹、公益众筹、房地产众筹、影视众筹和股权众筹等多个领域。

■ 奖励式——淘宝众筹

奖励式众筹的性质类似于权益类众筹，也是投资者给项目进行投资，然后获得相应的服务或实物商品。美国著名的众筹网站 Kickstarter，就是典型的奖励式众筹网站。而在中国，这种模式以淘宝众筹最为典型。目前，淘宝众筹的不少项目其实是一种"团购＋预购"形式的奖励式众筹。只不过在这过程中，项目发起人会给投资者一些小物件作为奖励。

比较特别的是，淘宝众筹中投资者给项目投资的资金分为首笔款和尾款，如果项目筹款成功但发放回报出现问题，投资者可申请退款，退回支持金额（一次性支付，按项目组织者约定比例以首笔款＋尾款方式付至项目组织者账户）中的尾款部分，而首笔款部分由于已被项目组织者使用，退还首笔款事宜需要与项目组织者自行协商，投资者可能会承担首笔款无法退回的损失。而后期若对项目组织者的处理仍有纠纷，投资者可申请淘宝客服介入解决。

■ 股权众筹

股权众筹是指公司出让一定比例的股份，面向普通投资者，投资者通过出资入股公司，获得未来收益。另一种说法就是"股权众筹是私募股权互联网化"。股权众筹是一种范围较宽的众筹模式，很多购物网站都实行股权众筹，比如京东、淘宝和苏宁等。股权众筹风险比权益类众筹和奖励式众筹的风险高，但收益也会更高。

另外，股权众筹很容易触及法律风险，投资者在进行股权众筹投资时一定要熟知相关的法律知识，避免盲目投资给自己带来不必要的麻烦。股权众筹的投资收益虽然很高，是让人"眼红"的理财方式，但别忘了，其投资风险也很高，所以理财人在对股权众筹项目进行投资时一定要谨慎，家庭经济条件一般的投资者，最好还是绕道而行，不要只看重股权众筹会带来的高收益。

3．几款特别的众筹理财产品

市场经济的发展，丰富了市场中商品的种类，众筹产品也不例外。从众筹项目的内容上我们可以发现一些特殊的、有个性的众筹理财产品，比如房地产众筹、微信端众筹和咖啡众筹等。

■ 房地产众筹——房宝宝

2012 年 12 月 8 日美国网站 Fundrise 率先将众筹的概念植入房地产中，诞生了"房地产众筹"模式。Fundrise 提供住宅地产、商业地产及旅游地产等各种类型的不动产项目，投资门槛只有 100 美元。而房地产众筹可以理解为多人投资一处房地产，共同拥有并获取房地产收益的过程。

以东莞的团贷网为例，该网贷平台在 2014 年 6 月推出首个房地产众筹项目"房宝宝"。团贷网创始人介绍，"房宝宝"依托团贷网互联网金融交易平台的优势，通过筛选发起人提供的优质房源，向有理财需求的投资伙伴发出众筹标的，其间经过房产的价值变化，从而让众筹人获得回报。

其项目设计的规则是：投资人最多只能持有 3 年的期限，如果 3 年内房价下跌或者未能卖出，则由投资人投票决定是否继续持有，如果超过半数投资人选择出售，就只能赔本卖出，其中的风险损失由投资人自行承担，团贷网不承诺保本保息。

第一期房宝宝是 1491 万元的别墅，用了 20 多个小时完成众筹金额，然后团贷网以 1491 万元的众筹款预定了 18 套别墅定金，由于成交量大，所以其价格远低于市场价，最终以 1600 万元的价格将这些别墅卖出，1600 万元和 1491 万元之间的 109 万元差价就是众筹项目各投资人的收益。

房宝宝第二期为 1800 万元的别墅，只用了 9 个小时便完成了筹资；第三期 1510 万元的别墅更是在短短 10 分钟内就完成了筹资。由此可见，房地产众筹颇受群众欢迎。

■ 微信端众筹——柠檬微众筹

顾名思义，微信端众筹就是通过微信发起众筹。柠檬微众筹是柠檬生活金融（http://www.meng3.com/）企业旗下的微众筹业务板块，它借助微信平台的方式发起众筹，用最快的速度传递众筹，用最有爱的方式完成众筹。

在柠檬微众筹上发布的众筹项目一般金额不大，绝大多数都是公益众筹，所以发起人很容易通过捐赠式众筹获得资金。人与人之间有些共鸣，通过各自力所能及的支援，帮助项目发起人筹集资金，而发起人可以不用承诺给出回报。因此，理财人在柠檬微众筹中可以以项目发起人的形式筹集资金，解决生活中的小困难，达到理财思维中的"省钱"目的。下面以在微信中发起柠檬微众筹项目为例，讲解具体的操作步骤。

Step01 启动微信，搜索公众号"柠檬生活金融"并关注，首次发起众筹项目可以在关注了公众号之后点击"按钮"超链接发起众筹。后期发起众筹可以点击页面右下角的"个人中心"按钮，进入个人中心发起众筹。下面以首次发起众筹为例。点击"按钮"超链接，上传项目相关图片。

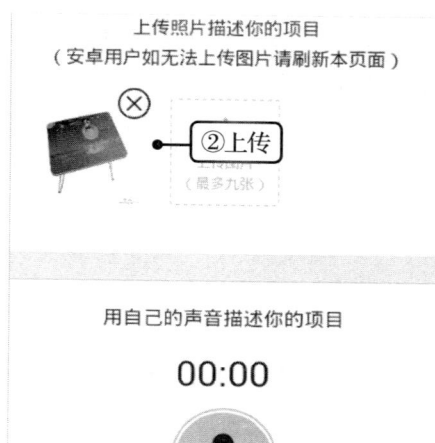

Step02 项目发起人可以用声音描述自己的项目，也可以直接点击"下一步"按钮，在"项目描述"页面填写众筹标题、众筹截止时间以及项目详情，然后点击"下一步"按钮。

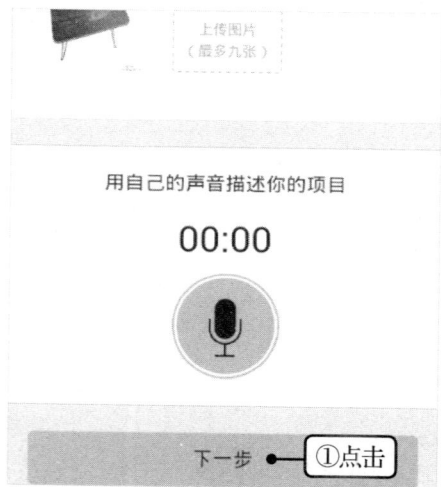

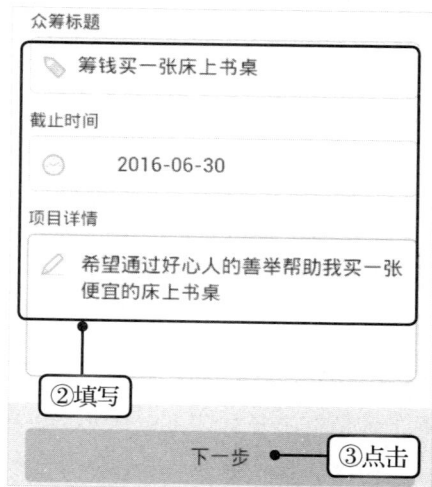

Step03 在打开的页面中选择相应的选项，比如筹资成功后如果要给支持者回报，则点击"有回报"选项卡；若不给支持者回报，则点击"无回报"选项卡，这里点击"无回报"选项卡，然后填写目标金额，自行设置支持人数，不设置人数时系统默认为无限制，接着点击"最低金额"选项卡，输入最低金额，点击"下一步"按钮。

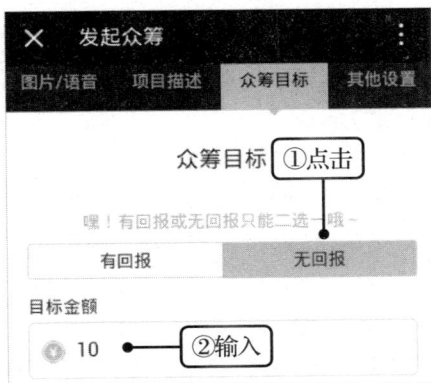

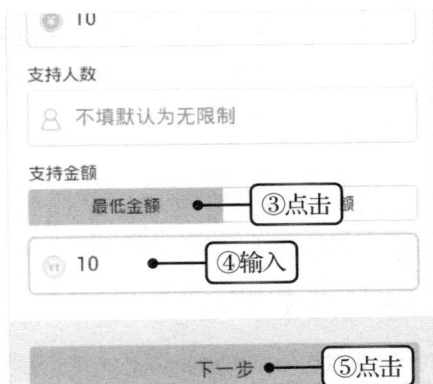

Step04　在新页面中输入自己的手机号码，若要隐藏自己的项目，和给支持者一定的回报，则需要同时开启"隐私模式"和"需支持者地址"选项，若不开启，则默认项目公开且不回报支持者，最后点击"确认发布"按钮。

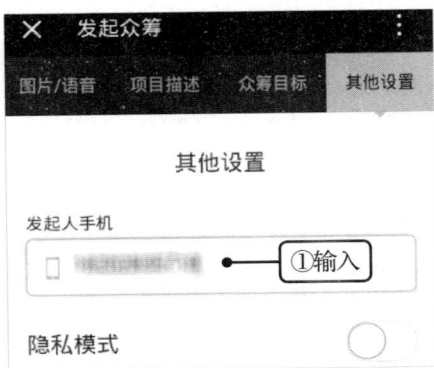

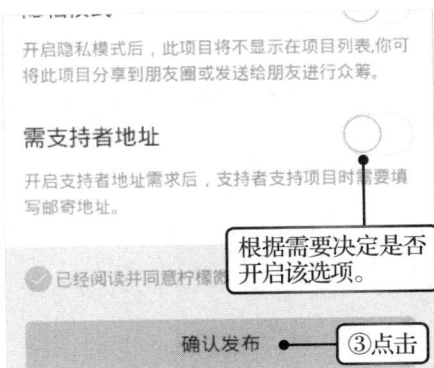

在柠檬微众筹平台上，也有一些有投资回报的项目，此时理财人可以作为投资者投资自己感兴趣的项目，最后收获投资收益。

■ 咖啡馆众筹

1898咖啡馆成立之初就有着明确的主题定位——"北大校友创业之家"，其创业的初衷是为北大校友创业联合会提供活动场地和运营经费。在此基础上，通过整合优秀创业校友资源，为企业家、创业者和投资人提供高效的交流合作平台，进而形成良性的创业生态系统。

换句话说，这一众筹的目的就是用筹集到的资金建立一家供企业家、创业者和投资人交流合作的咖啡馆。而项目的支持人都是该咖啡馆的股东，这一模式不仅筹到了资金，而且"筹"到了人物圈子。

咖啡馆众筹并非易事，不是发布众筹引来支持者就完事儿了，更为重要的是优化股东结构，设置准入机制，严格挑选众筹"合伙人"，生成资源网络和生态价值。

而 1898 咖啡馆的成功并非偶然，而是依靠于具有保障性的"游戏规则"，那就是 1898 咖啡馆创始人承诺的按照出资额向支持者返还等额的消费卡、咖啡馆股东的股份完全平等以及 3 年内咖啡馆不倒闭。这 3 项规则给支持者们吃了一颗定心丸，因此支持者愿意砸钱投资。

5.2 教你玩转众筹理财之"选择款"

> 理财人要想通过众筹理财实现理想收益，除了了解众筹的类型外，还要选好众筹项目，正所谓"好的开始就是成功的一半"。

1. 细看项目计划书

理财人作为投资者，如何选择好的众筹项目成了首要问题。最能全面了解一个众筹项目的途径就是仔细查看项目计划书。那么，众筹项目的计划书中通常包含哪些内容呢？如表 5-1 所示。

表 5-1　众筹项目计划书内容

名称	具体内容
解释说明	包括对计划书中特别的名词含义的解释和众筹要素（发起人、领投人和合伙企业的情况）的介绍，还有针对众筹项目的声明和承诺，比如计划书中提供的资料的真实性、准确性和完整性，承诺承担计划书中存在漏洞或虚假信息而造成损失的责任，还要注明计划书中数据的出处
商业前景	计划书中要写明项目的商业前景，包括与项目类似的产品或市场的现状、本项目的优势（经营模式、地理优势、供应渠道优势和成本优势等）
众筹的内容	众筹模式和流程、众筹对象、认筹对象缴款安排、认筹标准（分红原则和支付方式等）、回购条款（回购权的行使主体和回购条件等）、回售条款（回售权行使主体和回购价格及其确定原则）、认购额度及预计募集资金总额、募集资金的用途、本次众筹有关安排
众筹权益与风险	认筹人的权益保障、本次众筹的风险提示（项目风险、认筹人适当性风险及其他可能影响认筹人决策的信息等）、众筹发起人和财务顾问等

2．项目的定位是否明确

一般项目的定位有两个基本层面，即市场定位和目标客户群定位，市场定位是项目策划的核心和本源，是项目全程策划的出发点和回归点，在项目策划初期就必须明确。

然后在市场定位的前提下，让客户群更加显眼。首先，要在地理上确定展开销售；其次，要确定预想的客户群的人文特点；再次，要描述客户群的内在心理特点；最后，要描述客户的外在行为特征。具体执行中要通过目标客户群的静态描述和动态描述来实现。

而市场定位的前提也是一份市场调研分析报告，该报告要涵盖宏观、中观和微观经济，内容涉及政治、经济、科技和文化等方面，至少需要解释出竞争处于什么态势、本项目在未来可供选择的市场区位以及本项目的优势和风险，这 3 个问题是认筹人最关心的。

在做市场定位时，要明确项目"我"所能（达到的效果）、市场所需（目标市场或空白市场）以及竞争优势（自身优势和竞争者的劣势）。所以认筹人可以通过一些表现来判断项目的定位是否明确。

第一，看项目的市场定位是否真的有潜力。看项目的市场大小选择是否合理，如果太小不利于项目的发展，如果太大又会造成成本负担。另外，还可以看市场区域的划分是否合理，区域中有足够的人群可能消费或支持，如果划分的市场区域中有能力消费或支持项目的人群很少，则项目的发展将受到限制。

第二，看目标群体的定位是否合适。目标群体也就是项目潜在消费者，如果该项目的目标群体足够大，且符合该项目的销售需求，则项目的发展前景好；若目标群体的消费能力或消费偏好不适合该项目，则说明项目的目标群体定位不准确；如果项目计划书中几乎没有提及目标群体的相关内容，则其项目定位属于不明确，认筹人此时要谨慎投资。

3. 众筹资金的去向是否公布

为什么要知道众筹资金的去向呢？因为资金的去向有可能会涉及法律问题，如果筹资人不在计划书中写明资金的去向，或者筹资人将筹到的资金用于违法的事情，认筹人也会受到一定的牵连，最终导致投资失败或者卷入法律纠纷。

所以，理财人作为投资人，在认筹时一定要了解清楚认筹项目的资金去向，明确资金的用途，做到心中有数。

而正规的企业或者个人，在发起众筹项目时，都会公布众筹资金的用途或者去向，并且承诺认筹人可以随时监督资金的动向。如果项目发起人没有明确设置甚至是根本没有公布项目筹到的资金会用到什么地方，则认筹人需要斟酌，考虑是否放弃本次认筹。

如果项目发起人没有公布项目众筹资金的去向，或者去向不明确，认筹人可以联系该项目发起人，要求其解释众筹资金的去向，并表达网站上该项目的众筹资金去向不明的实情。过一两天，认筹人可以再次进入该项目，看其是否补充了众筹资金的去向说明，若没有任何变化，那么认筹人可以选择放弃本次认筹的打算。这也是检查该项目的正规性与合法性的一种可行方法。

4. 众筹回报是否明确

理财人作为认筹人，其投资的目的就是想获取投资收益，因此认筹人要查看项目的回报说明是否明确。如果回报信息不明确，甚至是没有提及是否有回报说明，那么认筹人要警惕，此次投资很可能会得不到收益。

所以，认筹人要搞清楚众筹回报的相关信息。具体有两个方向，一是项目人明确该项目筹资没有回报，二是项目人说明该项目的筹资有回报。

◆ **筹资无回报**：如果某项目的众筹向认筹人说明没有投资回报，则该类众筹一般为公益众筹，此时如果认筹者想要获取投资收益，那么可以果断放弃该项目。

◆ **明确指定了回报规则**：正规的且有实力的企业或项目团队，都会在项目的发布信息中明确注明项目的投资回报条款，以期用可观的回报吸引更多的投资者。这样的项目投资者可以大胆认筹。

◆ **回报说明太笼统**：有些众筹项目的回报说明不清晰、太笼统或者模棱两可。比如在承诺给予认筹人回报时，只说明有回报，但是不具体说明回报的比率，甚至是比率范围都不说明，这时认筹人需要先联系项目发起人或者项目负责人，然后搞清楚回报事项。如果还不能明确投资回报，则认筹人可以放弃该项目的投资。

◆ **关于回报只字未提：** 有些项目没有说明是否有回报，就更不用谈回报信息的明确程度了，这样的项目，认筹人可以联系项目发起人或者负责人，确定项目是否有投资回报，然后还要得到承诺保证，该项目的回报会以什么形式给予认筹人。认筹人判断回报的真实性，做出认筹或放弃认筹的决定。

5.3　教你玩转众筹理财之"查户口"

理财人在投资众筹项目前，除了要通过查看项目计划书、项目定位、众筹资金去向和众筹回报等信息来选择项目外，还需要对打算支持的项目团队进行考察。

对项目团队的考察不是一件容易的事，因为团队信息不可能很详细地摆在项目详情中，所以需要认筹人花心思去深入了解。

■ 核实项目团队的背景

项目团队的背景包含很多内容，团队的成员、团队的名称、团队的发展过程和团队以往的成就等。

在核实项目团队的成员时，要查看项目团队的具体人数，是否有领导人，团队成员的增减灵活性，以及团队的组织形式是长期的还是临时的。如果团队的成员经常变动，也就是增减灵活性较高，则该项目的发展比较令人担忧，认筹人需要认真考虑认筹问题；而团队的经营是临时的话，认筹人可能会投资失败，因为时间短，项目盈利的可能性较小。

在核查项目团队的名称时，可以通过上网的方式查询，如果项目涉及的团队是某一企业，则认筹人可以通过进入企业的官网核实企业的名称或项目团队名称。

项目团队的发展过程也需要认筹人核实，因为从团队的发展过程可以看出该团队的市场适应能力，进而可以从侧面看出项目的运营能力，从而判断该项目有没有投资收益可能。

另外，核实项目团队以往获得的成就更加重要，因为这一点可以说明该团队的工作能力。工作能力好，项目的盈利能力会相应较强，认筹人投资该项目获取理想收益的可能性更大。

■ 检查项目团队的资质

资质即秉性和素质，团队的资质就是团队有没有发起项目的相关经营资格或能力。比如，如果一个不是房地产建筑商的团队，却发布了一个建筑项目，则此时认筹人要通过一定的途径检查该团队是否具备房产建造的资格，一般需要有从事建筑投标和施工等资格的证明。

如果一个团队没有项目相关的资质，则项目的发展前景堪忧，甚至还有可能是虚构的众筹项目，认筹人如果不检查团队的资质，则很可能让投资资金打水漂儿。

如果一个项目团队在发起众筹时说明了所属企业名称，则认筹人可以上网查询该企业的信息，包括其经营资质等。特殊行业如建筑业、传媒业及金融业等，一般还会有相应的资质证书，如果没有相应的资质证书，发布的众筹项目可能就不能顺利运营，那么投资者想要获利也很难。遇到项目发起人是某企业的情况时，认筹人可以通过"中国企业资质证书查询平台（http://prove.ccig.co/）"查询项目企业的资质。

■ 查看项目团队的信誉

项目团队的信誉是认筹人投资的保障，信誉良好的项目团队，认筹人在投资时更放心，而信誉不好的项目团队，认筹人为了自身的投资利益，一般都不会选择这样的项目团队。

那么认筹人如何查看项目团队的信誉呢？最简单的方法就是看项目筹资的进度，一个信誉良好的项目，更容易赢得认筹人的信赖，其筹资进度一般比较快。如果认筹人觉得这样不能放心，那么可以进入项目详情页查看之前的认筹人对该项目的看法和评价。

另外，在详情页还能查询发起人或企业的信息，很多时候都会发布发起人的官方微博地址，通过微博账号也可以查到项目团队的更多信息，比如粉丝对该团队的评论。从这些细节方面可以了解到项目团队的信誉情况。

5.4 教你玩转众筹理财之"避风险"

众筹理财也有一定的风险，毕竟投资的项目是全新的，或者市场上还没有的产品、技术或服务，通常潜在着违法和资金不知去向等风险。那么，投资者在进行众筹理财时，需要做些什么来规避风险呢？

1. 众筹不碰法，懂法很重要

众筹过程中，会涉及很多法律问题，比如合同法、经济法和消费者权益保护法等。从另一个角度来说，理财人可能被牵涉进刑事法律风险、行政法律风险及民事法律风险。因此，投资者为规避法律风险，懂法很重要。

■ 刑事法律风险——非法吸收公众存款罪

非法吸收公众存款罪的显著特征是：违反相关法律法规，擅自向不特定的社会公众吸收资金，承诺回报，最终造成经济损失。

2015 年，杨某的公司登记成立，杨某担任公司的法定代表人。为了获取更好的利息收益，杨某对社会公众假称需要资金进行项目运营的周转，于是向社会公众发出投资信息，并以高额利息回报为诱饵，共筹到 100 万元左右的资金。之后杨某将筹到的资金用作其他金融投资，以期获得高利息，后被部分认筹人发现。

不久，认筹人将杨某告上法庭，法院认为杨某已经构成了非法吸收公众存款罪，应依法追究其刑事责任。而对于认筹人来说，能不能追回投资款是一个未知数，另外还造成了精神损失。

就目前市场的经济形势来看，非法吸收公众存款罪大多发生在非互联网众筹的情况中，但是也不排除一些非正规的众筹网站发布的众筹项目。如果采用资金池的方式吸收大量资金为平台所用或转贷他人获取高额利息，一旦达到刑事立案标准，就可能涉嫌非法吸收公众存款罪。

■ 刑事法律风险——集资诈骗罪

该罪行比非法吸收公众存款罪更严重，一般债权类的众筹很有可能触犯非法吸收公众存款罪和集资诈骗罪。如果债权类众筹虚构项目，将吸收的资金挪作他用或用于挥霍，甚至卷款潜逃，则该类众筹涉嫌集资诈骗罪。

被告人江某在 2014 年到 2015 年期间在广东省某市开了一家美容店，以合伙或投资等为名义高息集资，欠下巨额债务。为还债，江某继续非法集资。2014 年 5 月至 2016 年 3 月间，江某以给付高额利息为诱饵，先后从 20 余人的手中非法集资人民币 8 亿余元，用于偿付集资款本息和购买房产等，实际诈骗金额为 5 亿余元。

■ 行政法律风险

行政法律风险一般是指违反相关的行政法规，行政违法行为的罪行没有刑事犯罪行为的罪行严重。但为了自身的利益着想，投资者还是要了解并规避这类风险。

◆ **证券类行政违法行为**：如果未经批准擅自公开发行股份，在未达到刑事立案标准的情况下，则构成行政违法行为，依法承担行政违法责任，由证券监督机关给予行政处罚。

◆ **非法集资类行政违法行为**：如果非法集资行为未达到刑事立案标准，则构成行政违法行为，依法承担行政违法责任，由人民银行给予行政处罚。

◆ **虚假广告行政违法**：如果众筹平台应知或明知众筹项目存在虚假或扩大宣传的行为而仍然予以发布，但尚未达到刑事立案标准，则涉嫌虚假广告行政违法。

◆ **非法经营行政违法**：如果众筹平台未经批准，在平台上擅自销售有关的金融产品或服务，但尚未达到刑事立案标准，则涉嫌非法经营行政违法。

■ 民事法律风险

由于众筹存在大众参与筹资的情况，因此涉及的人数必然众多，这将导致大家利益安排不一致，关切点也不尽相同。所以，必然会伴随如下民事法律风险发生。

◆ **合同违约纠纷**：众筹最可能存在合同违约，主要表现在产品质量不符合约定，交货期不符合约定，不能如期提交约定回报结果，不能如期还款造成的债务纠纷等。

◆ **股权争议**：股权类众筹还可能引发股权纠纷及公司治理纠纷。此外，对于采取股权代持方式的股权类众筹，还可能存在股权代持纠纷等。

◆ **退出纠纷**：股权众筹还涉及一个退出问题，若没有事先设计好退出机制或者对退出方式设计不当，极容易引发投资人的利益损失。

2．如何区别众筹与非法集资

投资者可以从两大方面区别众筹与非法集资，一是信息的公开，二是行为特征。

■ 是否做到充分及时的信息公开

众筹是一种新经济的运作形态，从项目的启动、市场定位、众筹计划的发布、产品的研发和产品的制作等各环节都需要全方位地公布信息，公开透明是众筹的核心价值观；而非法集资项目的发起方公开的信息是非常有限的，他们遵循商业秘密的保护，参与股权投资的人在参与项目前一般需要签订保密协议，就是上市公司这样的公众公司一般也只是对重大的经营行为和关联交易等活动进行信息公开，而且很多是通过年报或半年报等事后方式进行公告的，信息不够及时。

■ 两者行为特征不同

两者存在实质性差别，非法集资一般承诺一定期限内还本付息，且利息远高于银行利息，会干扰金融机构的秩序；而众筹一般不会承诺明确的回报，比如股权众筹不会承诺固定的回报，而是投资人在享受权利的同时承担股东风险，其进行的是资本的经营，一定程度上扩张了资本市场。

两者的发行方式也不同。非法集资采用广告、公开劝诱和变相公开发行方式；而众筹网站上的众筹项目一般没有广告，也没有大量宣传或鼓吹，其发行方式公开、透明。

风险控制也存在区别。非法集资往往是由个人发起，聚集大量钱财，投向几个不为投资方所知的项目，并承诺收益；而通过众筹网站把每个项目的信息公开，投资人可以通过互联网信息消除创业者与投资人之间信息不对称的差异，投资者做到随时保持沟通联系，大大降低了其中的风险。

3．如何识别项目是否涉嫌欺诈

识别项目是否涉嫌欺诈，对投资人来说可以有效降低投资风险。那么投资者可以从哪些方面识别呢？如图5-2所示。

1	比较项目的投资回报率，看是否存在回报率过高的情况
2	对项目公开的基本信息进行准确性和真实性的查询，如果与实际情况不符，则该项目很可能涉嫌欺诈
3	判断项目筹资资金的用途是否可靠，如果用途比较虚，或者根本没有听说过、感觉不靠谱的用途，则很可能涉嫌欺诈
4	若项目是由企业发起，则投资者可以通过查询该企业资质是否存在来判断项目是否涉嫌欺诈
5	很多项目的详情页都会有相关支持者的提问或者评论，投资人可以查看之前支持者对项目的评价来判断项目是否可能存在欺诈
6	先留意项目的筹资进度，然后结合项目筹资的时间，如果项目筹资时间很长，长达一年或者一年以上，则投资者要防止其欺诈可能
7	查看项目发起时关于筹资资金总额的介绍，如果没有明确的资金总额说明，那么该项目也很可能存在欺诈的风险
8	鉴别项目的新颖度，防止有些不法分子借用已经被市场否定的技术或产品来当作新技术或新产品混淆视听，构成欺诈行为
9	查看项目涉及的产品或技术是否符合国家相关法律法规，或是否违反了相关法律法规所禁止的行为，若违反法律法规，则涉嫌欺诈

图5-2　识别项目涉嫌欺诈的方法

.06 PART.

重新认识
P2P 平台

P2P 平台
哪家强

P2P 平台
理财试水

P2P 平台
实操理财

野百合也有春天——P2P 平台

随着经济市场的发展，越来越多的互联网平台开始了自己的理财之路。不仅众筹平台可以理财，就连 P2P 这样的借贷平台也开始向投资者提供了理财的渠道，打破了 P2P 借贷的运营瓶颈，让 P2P 平台重新焕发经济活力。那么在 P2P 平台上，投资者应怎么制订理财计划呢？

6.1 刷新你对 P2P 平台的认识

> 以往，大多数人对 P2P 平台的认识仅停留在借贷款上，没有想过通过 P2P 平台还能理财。那么这一节我们将重新认识 P2P 平台，然后了解 P2P 平台的理财功能，包括什么样的人不适合在 P2P 平台理财和收益、风险的相关知识。

1. 传说中的 P2P 平台到底是什么

通常的 P2P 平台为借贷双方提供接触的机会，通过互联网为借贷双方牵线，完成融资贷款。而借贷双方的借贷过程，如资料、资金、合同和手续等全部通过网络完成。

P2P 借贷首先是由 P2P 小额贷款发展而来，然后随着互联网技术的快速发展和普及，P2P 小额借贷逐渐从单一的线下模式转变为线下线上并行，所以随之产生了 P2P 网络借贷平台。因此，P2P 平台实际上就是借贷关系发生的场所。

在 P2P 平台上，贷款人可以高效地实现"闪电借款"，这种方式可以解决人们因为年龄不同和地域收入不均匀导致的消费力不平衡问题，帮助贷款人走出资金困难的窘境。

P2P 网贷行业的规范化发展已成为行业的共识，初步形成了 3 种发展方式。

◆ **通过民间借贷服务中心予以规范**：比如，温州和鄂尔多斯成立了民间借贷登记服务中心，以公司的方式引导 P2P 平台入驻，要求将有关交易数据登记备案，对 P2P 的业务进行监管，这是一种较规范的管理方式。

◆ **通过信息服务行业协会进行规范**：这种模式在上海已开始尝试。如何给 P2P 平台定性一直是行业颇具争议的话题，在法律环境下不能将 P2P 平台定性为金融机构，因为中国对金融机构有着严格的审批制度和准入要求，所以把 P2P 平台定性为信息服务机构较准确，通过行业协会探索，自律规范。

◆ **成立 P2P 行业的自律联盟**：在我国，要成立一个行业协会需先找到主管部门，然后才能去民政部门审批。而问题是 P2P 平台没有主管部门，通过审批非常困难。一些 P2P 有关的组织是没有官方背景的民间组织，没有很强的规范作用，所以更需要靠企业自律。

按照《最高人民法院关于审理民间借贷案件适用法律若干问题的规定》的条款内容，P2P 平台的提供者只需提供媒介服务，不承担担保责任。如果 P2P 平台的提供者通过网页、广告或其他媒介明示或有其他证据证明其为借贷提供担保，则根据出借人的请求，人民法院可以判决 P2P 平台的提供者承担担保责任。

2．理财收益没有最高，只有更高

P2P 平台发展至今，有了两个大方向的产品，一是传统的贷款，二是投资理财。P2P 平台的借贷性质决定了资金出借人可以收获借款利息，需要资金的人在平台上发布借款信息，出借资金的人作为理财人将自己的钱借给贷款人，而理财人从贷款人的承诺中收获一定的利息收入，达到理财目的。

P2P 平台上的理财产品很多，一般有很多不同的理财收益。为了吸引投资者在平台上理财，商家和项目都下了血本，利率一家比一家高，因此在 P2P 平台上，你看到的高收益可能并不是最高收益，会让你有一种"没有最高收益，只有更高收益"的感觉。以拍拍贷网站的理财产品为例，其投资理财产品按照投资对象分为散标玩家和懒人投资。其中散标玩家板块中包括两个类型的投资，一是成长型，二是领先型，如图 6-1 所示。

图 6-1　拍拍贷网站的理财项目

当你看到投资收益率为 11% 时，是否觉得这个收益率已经很高了。其实投资者如果继续浏览其他投资项目还会发现，还有投资收益率为 20% 的项目。一段时间后，平台会更新一批项目，而新项目中也可能出现比 20% 更高的收益率。

3. 抵制不住诱惑就别去 P2P 平台理财

P2P 理财是指以公司为中介机构，把借贷双方对接起来实现各自的借贷需求，借方可以是无抵押贷款或者有抵押贷款，而中介一般是收取双方或单方的手续费为盈利目的或赚取一定息差为盈利目的的新型理财模式。

市场 P2P 理财公司众多，产品存在明显的差异性，收益率当然也就不同，所以投资者在选择产品时一定要理性、谨慎地选择一款适合自己的产品。投资者不能一味地追求高收益，抵挡不住高收益诱惑的人最好还是不要在 P2P 平台上理财，因为其收益"只有更高，没有最高"，抵挡不住诱惑的人很容易陷入盲目追求收益的旋涡中，最后可能泥足深陷无法自拔。

由于 P2P 平台是网络理财，所以自然会存在一些不可预测或者不可控制的风险，而这些风险很可能导致投资者投资失败。比如一些收益很高的项目，平台对其的风险控制较低，也就是我们常说的"高风险高收益"。而如果投资者盲目投资这样的项目，则利益很有可能得不到保障。

另外，有些虚假项目浑水摸鱼进入了 P2P 平台，以高利息收益为诱饵骗取投资者钱财，这样的事情也是经常发生的。平台的监督机制也不是无懈可击的，因此更需要投资者自己保持清醒的头脑，要理智面对平台上的高收益率项目。如果投资者管不住自己的手，或者管不住自己的情绪，则最好不要去 P2P 平台理财，正所谓"冲动是魔鬼"，很多时候头脑一热就做了错误的决定，造成无法挽回的损失。

【提示注意】

P2P 平台虽然是以借贷为名的网络平台，但平台上的理财产品和其他平台的理财产品一样，都是风险与收益并存，并且收益与风险成正比的关系。所以投资者不要以为以借贷为名的网络平台上理财产品的风险都很低。

6.2 中国 P2P 理财平台哪家强

每个国家都有自己比较著名的 P2P 理财平台，中国也不例外。中国的 P2P 平台很多，投资者的选择空间比较大，但问题是投资者如何才能找到合适的理财平台。那么中国的 P2P 网络理财平台到底哪家好呢？

1．中国融贷网

中国融贷网（http://www.zgrdw.roboo.com/）由儒豹（ROBOO）科技提供网络技术支持，网站以"专业，专注，领先"的工作态度，致力于打造国内最具规模的融资和借贷款等金融服务平台，竭力为每一位客户创造最大化经济价值。

中国融贷网专注于为广大投资者提供及时准确的融资政策、贷款资讯、证券股票、黄金外汇和投资理财等财经新闻；为创业者提供全面专业的贷款、速效行业信息服务和金融资讯；实时地、全方位多角度地报道国内外重大金融事件及国家财经政策导向，为需要帮助的客户和提供资金的朋友提供免费的 P2P 网络金融服务，强调供需之间的互助与合作，便捷自助的操作模式和差异化的定价机制，使投资理财变得简单而有趣。

合法、合理、高效和正规是中国融贷网的一贯经营理念，有一个良好的投融资环境，借助资本力量帮助更多需要帮助的人，并且回报给做出资金出借和投资贡献的人。如图 6-2 所示是中国融贷网的首页。

图 6-2　中国融贷网首页

关于网站的真实性和正规性，投资者可以从理财项目的数目和相应机制等多方面来进行考核。投资前要将项目的具体情况，尤其是风险要考察清楚。其实，投资者很多时候进入某 P2P 网站浏览时，看到页面的布置就能对该网站的真实性、正规性及安全性有一个初步的判断。

2. 宜人贷

宜人贷（https://www.yirendai.com/）是中国在线 P2P 平台，通过互联网、移动互联网和大数据技术创新为城市白领人群提供创新、安全、简单、快速的个人信用借款与理财咨询服务。

宜人贷由宜信公司在 2012 年推出，是美国纽交所上市公司，股票代码为 YRD。其专注于具有信用维护意识的城市白领人群。宜人贷的核心竞争力除了包括其严格的风控系统和智能技术外，还在于其平台运营的安全透明。它采集多维度信息及用户授权数据，并对两者进行对比，通过自动化征信体系和反欺诈系统实现智能决策。

2015 年 6 月，宜人贷联合广发银行达成 P2P 资金托管业务合作。宜人贷在广发银行开立了交易资金托管账户、风险备用金托管账户和服务费账户，由广发银行对用户在宜人贷平台上的每一笔交易进行全面托管，实现用户资金与平台资金的有效隔离。

广发银行监控核对宜人贷平台从用户实名开户、合同签署备案，到交易与合同的匹配审核、交易资金的划转，以及风险备用金监控的全部流程。广发银行会与宜人贷同步核对借款信息与合同的匹配度，并根据合同信息触发资金划转，保障交易的真实性和安全性。广发银行将会定期出具资金托管报告，用户可在宜人贷官方网站上查询资金托管情况。

宜人贷平台提供多种类型的产品，其中最有名的要属宜定盈。宜定盈以不同的期数作为不同的项目，不同的期数其预期年化收益率有所不同，相应的封闭期（投资期限）也会不同，而起投金额也有差异。下面以在宜人贷官网上购买理财产品为例，讲讲具体的操作。

Step01 进入宜人贷官网首页（https://www.yirendai.com/），单击"我要理财"选项卡，进入"我要理财"页面。

Step02 在页面中选择一款想要了解的理财产品，进入其详情页。

Step03 在打开的页面中可以查看该理财产品的购买条件、单笔最高可投金额以及服务介绍等信息。

Step04 在详情页面右上方的数值框中输入投资金额，数值框下方会计算出预计总收益，经过这些信息的查看，投资者如果想要投资该产品，则直接单击"立即购买"按钮。

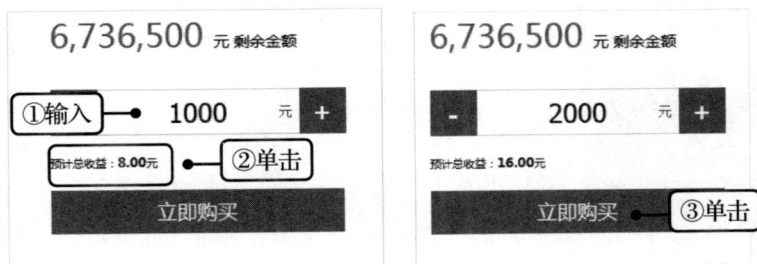

Step05 如果投资者没有注册账号，则系统会提示先注册账号；没有登录账号的，也需要先登录账号才能进行理财产品的购买。登录账户成功后，理财人作为投资者即可购买自己心仪的理财产品了，然后完成支付。

3. 微贷网

微贷网是专注于汽车抵押借贷服务的互联网金融 P2P 网贷平台。微贷网的注册用户可以将自己的闲余资金借给信用良好的有资金需求的用户，以获得良好的资金回报率。

微贷网有业内一流的专业团队，并且采用双重防控规避交易风险。而双重防控是指严格的贷款审核流程和有效的担保措施，理财人作为投资者，在微贷网中将自己的资金借给他人时，资金的安全可以得到有效保障。

另外，投资者除了可以通过借贷的方式获得利息收益来达到理财目的外，还可以投资到微贷网中其他的理财产品中，在微贷网中进行投资不叫"购买"，而叫"投标"。下面以在微贷网上进行投资理财为例，讲解具体的理财产品购买过程。

Step01 进入微贷网首页（https://www.weidai.com.cn/），选择自己感兴

趣的项目，这里单击"新手专享"板块中的"更多新手项目"超链接。

Step02 在打开的页面中，选择其中一个项目，单击相应的名称超链接，进入该项目的详情页。

Step03 在新页面中，可以查看到项目总的筹资总额、年化收益率、项目期限、还款方式、产品详情和投资记录（其他投资人投资信息）等信息。

Step04 查看完相关信息后，投资者如果决定要投资，则在页面右侧的数值框中输入要投资的相应金额，然后投资者会在数值框下方看到预期总收益，接着单击"立即投标"按钮。如果没有注册账号，或者没有登录账号的用户，系统会在此时打开一个对话框，要求用户注册或登录，用户只有登录了个人账号后才能进行投标。投资者根据系统页面提示完成注册登录即可进行投资理财，最后完成相关的费用支付。

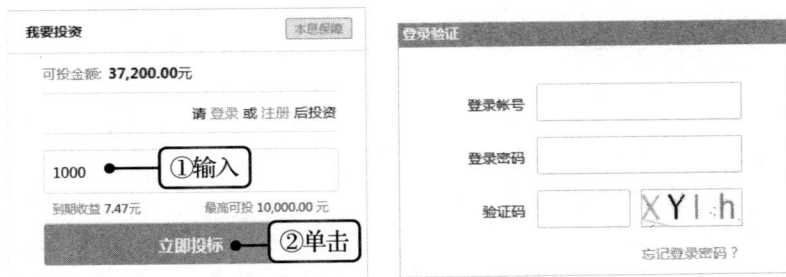

4．人人贷

有资金并且有理财投资想法的人，通过人人贷平台，使用信用贷款的方式将资金贷给其他有借款需求的人。人人贷的运营模式是线上线下互补，线上开发投资者，线下开发信贷。2016 年 2 月 29 日，人人贷宣布与中国民生银行合作的资金存管正式上线。

人人贷目前的理财端已全面升级为 WE.COM，用户想在人人贷网站上进行投资理财时，直接通过"https://www.we.com/"这个网址进入理财页面，然后在理财页面查看已持有的债权、U 计划和薪计划等产品，此外，还可以通过 WE.COM 理财平台锦亭投标，加入 U 计划、薪计划及购买其他理财产品。

WE.COM 理财平台上将理财分成了很多专区，如新手专区、专业投资——基金理财、定期理财——U 计划、零钱理财——薪计划及自主投资——债权 / 散标等。不同的理财专区和同一专区的不同产品，其收益也会有很大的不同。下面以在人人贷的 WE.COM 理财平台上投资理财产品为例，讲解具体的操作过程。

Step01 进入 WE.COM 理财平台（https://www.we.com/），作为新手，可以优先考虑进行"新手专区"的产品投资，单击"新手专区"栏中的"查看更多"超链接。

Step02 在新页面中可以查看往期的新手专区理财产品或项目，投资者考虑清楚后，可以单击页面右侧的"立即加入"按钮。投资者需要注意，新手专区的理财产品一般是限额或限量的。

Step03 在打开的页面中可以查看该项目的具体情况，包括保障方式、加入进度、计划进度、计划介绍、加入记录、计划表现和剩余可投资总金额。然后在该页面上方的数值框中输入要投资的金额，然后单击"加入"按钮。

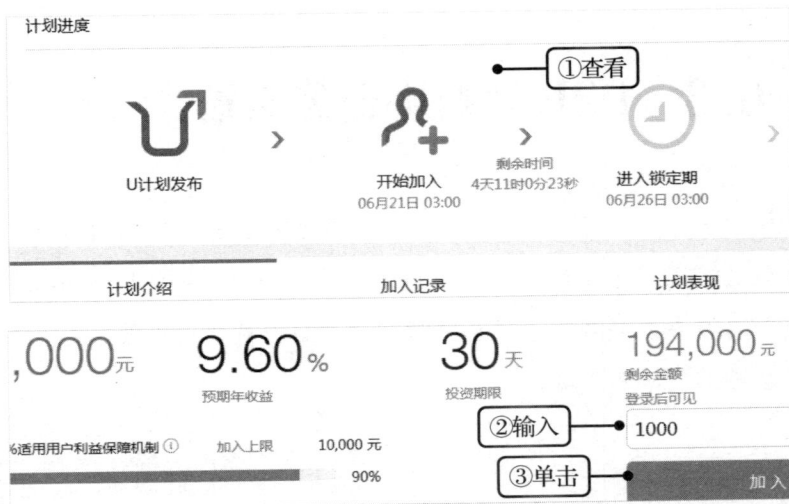

Step04 此时系统也会提醒投资者登录，如果没有账号的投资者还需要先在人人贷上注册账号，登录后才能进行投资理财活动。

【提示注意】

网贷之家（http://www.wdzj.com/）也是一个与 P2P 理财有关的网站，只是与融贷网、宜人贷、微贷网和人人贷不同，它是第三方网贷咨询平台。该网站主要分为 5 个板块，网贷咨询、网贷助手、网贷导航、网贷比较和网贷数据。其主要服务是为投资者提供全方位且权威的网贷数据，如图 6-3 所示。

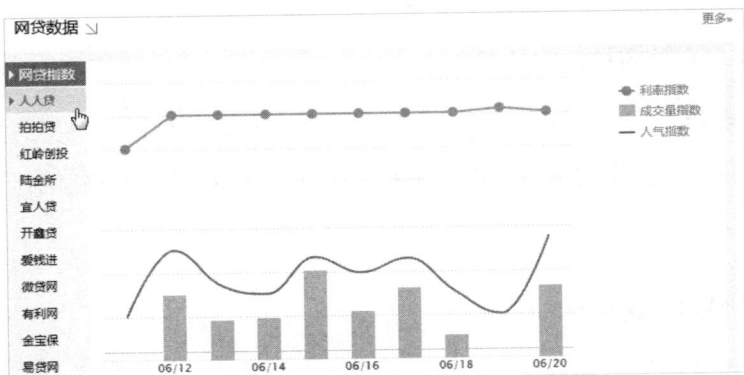

图 6-3　网贷之家对各 P2P 网站的网贷数据分析

6.3 P2P 理财平台怎么选

> 投资者在 P2P 理财平台上投资项目时，为了保障自身的
> 权益，不得不了解一些平台的底细，比如平台的风控能力、
> 平台自身发展实力、平台的项目信息公开透明度以及平台是
> 否拥有优质资产端等。

1. 平台对项目的风险控制力如何

作为投资者，肯定希望 P2P 理财平台能够更好地控制项目的风险，
这样就能帮助投资者降低投资失败的风险，那么怎样判断一个 P2P 平台对
项目的风控能力呢？

■ P2P 平台是否有专业的风控团队

专业的风控团队可以更有效地进行项目的风险控制工作，对风控的把
握更加准确，从而提高平台的风控能力。

■ 平台的审核机制是否完善

平台具有完善的审核机制，可以相应提高进入平台进行融资的企业的
门槛，规范平台中的项目，确保平台上的项目质量。所以审核机制的完善
情况也能反映一个平台的风控能力的强弱。

■ 借款人信息的明确程度

借款人的背景是否清晰，投资人投出去的钱用在什么地方，借款人是
否有对资金损失做出补偿承诺等。这些信息的明确程度也可以反映平台对

项目的风控能力。

■ 平台是否有规避大额借贷资金或资金池操作的项目

单一项目募集资金总额过大，是否超出了该 P2P 平台交易总额的 5%。即使 P2P 平台很多都提供本息全额担保，甚至也有自己独特的风险控制机制，但平台为了控制项目风险，也应该尽量规避这些项目。

■ P2P 平台是否采用第三方平台托管投资资金

如果 P2P 平台借助第三方平台托管投资人给项目投资的资金，则可以防止资金被 P2P 平台公司借给关联企业。所以，是否采用第三方平台托管资金可以表明 P2P 平台的风控能力。

■ 是否有担保

P2P 平台上的项目如果都有投资担保公司担保，且担保公司的实力还不错，那么证明 P2P 平台的风控做得比较好，风控能力较强，反之则较弱。

■ 数据是否安全

若平台对这些操作和数据传递工作的保密工作做得好，那么信息被泄露的风险就会比较低，这样也能体现 P2P 平台的风控能力较强。

■ 标的项目是否在平台的能力范围内

大部分 P2P 平台都会有线下征信等业务团队，负责对融资项目的接洽、审核和风控等，所以投资者可以看该平台线下团队是否能覆盖到相应的项目，以此来判断平台的风控能力。

■ 是否有不断改进用户体验的意愿

平台要有自己的技术团队，对于投资人反馈的需求或提出的问题能快速地响应改进，这样可以降低平台的差评风险，也能体现平台的风控能力。

■ 平台是否有资金调拨能力

借款标出现逾期时，平台要有足够的能力来调拨资金去进行债权回购。这样可以降低项目投资失败的风险，也就体现了风控能力。

2．平台的实力与口碑怎么样

投资者在选择合适的 P2P 平台进行理财时，需要对平台的实力和口碑进行考察，这样可以降低投资风险，顺利获得理财收益。一种最直接最简单的方法就是进入"网贷之家"官网查询各种 P2P 理财平台的实力信息和口碑。下面以在网贷之家探查 P2P 平台的实力和口碑为例，讲解具体的操作步骤。

Step01　进入网贷之家（https://www.wdzj.com/）官网，在首页的搜索框中输入要查询的平台名称，这里输入"人人贷"关键字，然后按回车键。

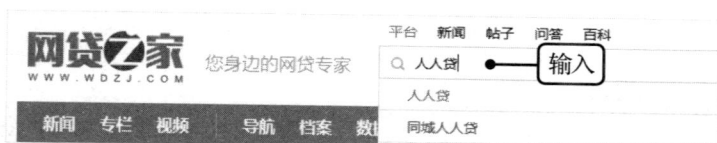

Step02　在新页面中不仅可以查看该平台的详细信息，而且还能查看用户对该平台或该平台上项目的评价，从字里行间就能判断平台的口碑好坏。

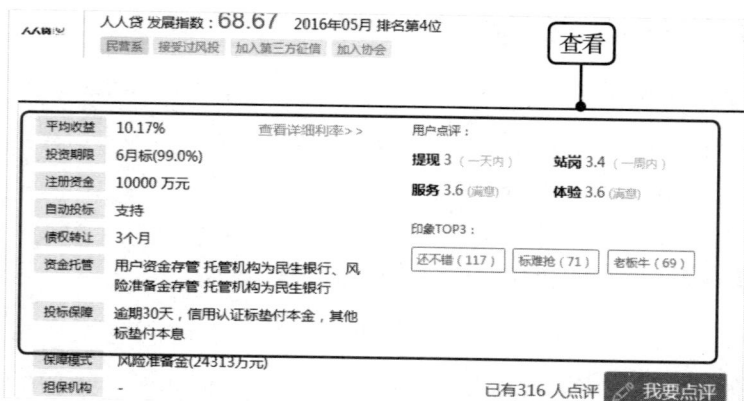

在网贷之家，投资者还可以查询平台的利率走势、平台成交量走势、平台的大事记以及平台的最新动态等信息，让投资者真正了解清楚平台的实力和口碑。

【提示注意】

在查看平台的详细信息以了解平台的实力和口碑时，投资者还需判断平台的项目信息是否公开透明。因为如果项目信息不公开透明，则其项目的安全性得不到保证，投资者投资意向就不强。这样的项目出现，也能从侧面表现该平台的工作做得不够好，从而可能会使投资者对平台失去信心。

3．平台是否拥有优质资产端

在 P2P 理财平台上理财，一般分为贷前、贷中和贷后这 3 个环节，其中最关键的就是贷前，也就是标的项目的来源，而这些项目来源就是资产端。对于平台来说，把握好了 P2P 资产端也就掌握了主动权，把控能力越高，P2P 平台的产品特色也就越突出，类型也更多样化，有助于打造平台独有的品牌效应。

平台如果拥有优质资产端，则将促进平台的可持续发展，而如果没有优质资产端，则资产端将成为平台发展的绊脚石。从侧面来看，平台拥有优质资产端，说明平台的风控能力较好，也就能促进平台的发展。

小牛在线是国内首批资金托管的创新型网络平台，将推出属于小牛的共享式大数据风控平台，将会把那些违约和专业骗贷的人员或项目列入黑名单，放入数据库中，让所有同行业的企业以及个人通过平台查询获得这项信息，有效阻隔专业骗贷人员的二次犯罪，净化行业的骗贷率，让整个互联网金融行业健康有序地成长。

那么，理财人作为投资者，在选择平台时，如何判断该平台上的项目是优质资产端呢？

资产端的好坏也就是项目的好坏，投资者可以在平台中进入具体项目的详情页查看具体内容，如果项目的各项信息很详细、全面，则说明该项目是优质资产端。

6.4 手把手教你 P2P 平台实操理财

前面在介绍 P2P 理财平台时，大概地讲解过购买产品步骤，这一节我们就来系统地学习在 P2P 平台上理财的操作步骤，帮助理财人在 P2P 平台上顺畅地进行理财。

1. 快速注册平台会员

投资者要在正规的 P2P 理财平台上进行理财活动，一般都需要先注册平台会员，获取自己的账号，然后登录平台实施理财。下面以微贷网注册平台会员为例，讲解具体的操作步骤。

Step01 进入微贷网(https://www.weidai.com.cn/)首页，在页面右侧单击"免费注册"按钮。

Step02 在"填写账户信息"页面填写自己的手机号码，设置登录密码，填写验证码，系统会默认选中"我同意《微贷网注册协议》"复选框（如果没有默认选中，则需要手动选中），然后单击"下一步"按钮。

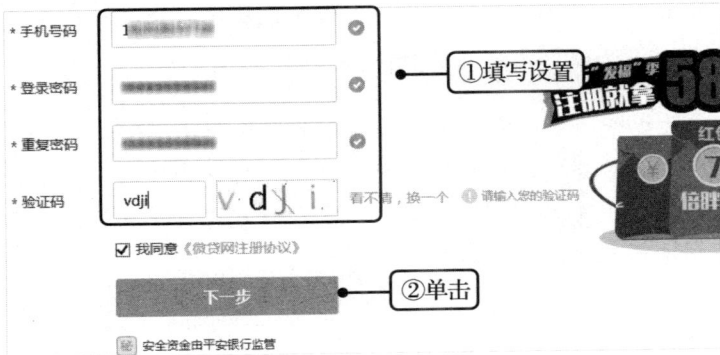

Step03 在"验证账户信息"页面单击"获取短信验证码"按钮，然后将收到的验证码输入到"手机验证码"文本框中，单击"下一步"按钮。

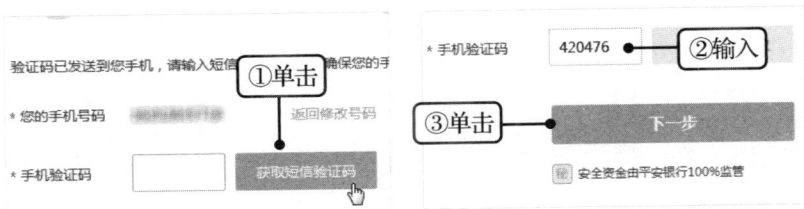

Step04 系统将提示用户注册成功，此时可以单击该页面中的"立即进入"按钮直接登录账号。

2. 在 P2P 平台选择投标

理财人作为投资者，在 P2P 平台上选择项目然后投标，需要先登录相应平台的账号，否则无法进行项目的投标或购买。下面以在微贷网中选择项目进行投标为例，讲解具体的操作步骤。

Step01 登录微贷网个人账号（这里直接通过注册流程的最后一步登录，通过登录入口，登录的方式就不再赘述），在打开的页面中可以看到自己账户的相关信息，包括总资产、资产状况、收益支出状况及近期投资情况等。在页面上方单击"我要投资"超链接。

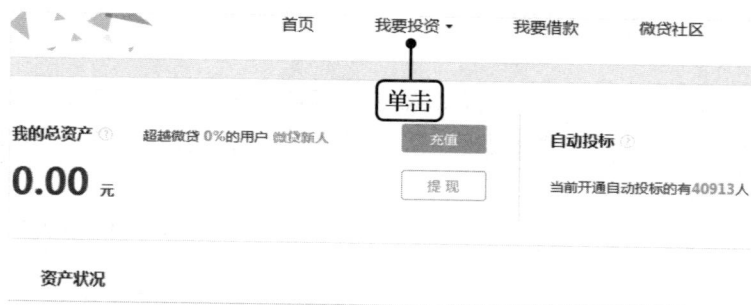

Step02 在打开的页面中选择一款自己感兴趣的项目，单击项目右侧的"投标中"按钮。

Step03 在新页面中查看该项目的详情，决定投资后在页面上方的"我要投资"栏中输入要投资的金额，这里输入"1000"，单击"立即投标"按钮。

Step04 此时系统会打开一个对话框，要求投资者进行实名认证，投资者只需填写自己的真实姓名和身份证号，单击"立即认证"按钮。然后系统会打开一个提示认证通过的对话框，此时单击"立即投资"按钮。

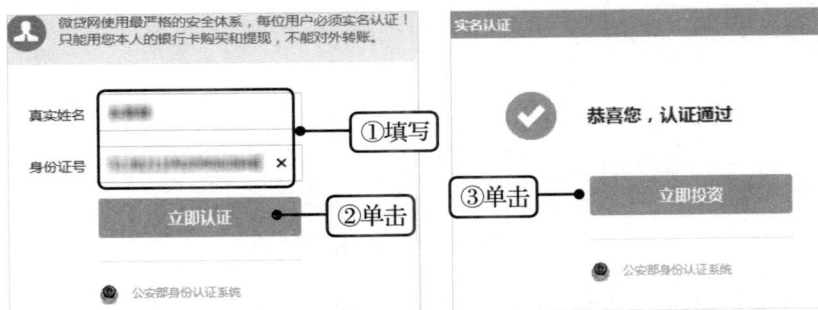

Step05 此时系统又会跳转到选择项目的页面，找到之前选择的项目，进入详情页，输入投资金额，单击"立即投标"按钮，此时打开安全支付页面，投资者需要设置支付密码，然后单击"确定"按钮。之后投资者完成银行卡的绑定和金额的支付即可投标成功。

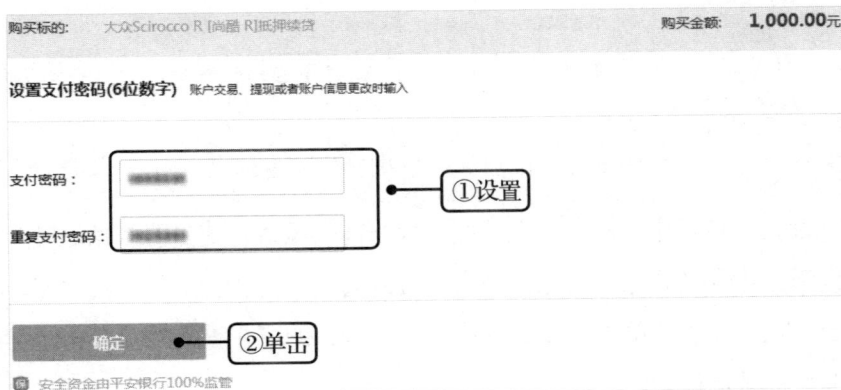

3．如何提现和撤资

理财人在平台上进行了投资，最后目的都是要获取收益，而投资收益都是放在平台上的投资者自身账户中，要怎样把账户中的资金提现呢？以微贷网为例，投资者可以在"我的账户"页面左侧，单击"资产管理"选项卡，然后单击"提现"超链接，再输入支付密码即可完成提现，如图 6-4 所示。

图 6-4　在微贷网中提现的操作

或者也可以在"我的账户"页面上方的"我的总资产"栏中单击"提现"按钮，也可以完成收益和本金提现，如图 6-5 所示。

图 6-5　在微贷网中提现的其他途径

而投资过程中，投资者很可能后悔当前的投资，则需要撤销对某项目的投资，此时又该怎么做呢？也以微贷网为例，投资者进入"我的账户"页面，在页面左侧单击"投标管理"选项卡，即可在相应的页面中进行投资项目的撤资行为。

.07.
. PART.

股票投资
前期准备

股市投资
策略

炒股
必杀技

新手入市
赚钱法

最普遍的理财工具——股票

股票投资应该是目前大众都比较熟悉和普遍采用的理财
工具，但并不是任何人随便就能做好股票投资。股市的风险
远比债券和储蓄等理财工具高得多，但为了获取高收益，还
是有很多人投入到股票投资市场中。为了保障投资收益，投
资者需要深入了解股市的相关知识。

7.1 你在玩股票之前需要做的事情

> 股票投资涉及很多专业知识，投资者如果贸然投资股票，很可能因为不清楚规则，或者不会使用炒股软件而错失投资机会或者进行了错误操作。并且股票的高收益一直让人"眼红"，如果不摆正态度，投资者很可能在股市中迷失。

1. 股市有风险，别把股市当赌场

股市中有这样一句被人常常挂在嘴边的话，"股市有风险，投资需谨慎"。然而股票的高收益使得很多投机者进入股市，抱着赌徒的心态想要从股市中捞一笔。

尤其是很多并不会股票技术操作的散股民，只是看到股票的高收益，却不重视股票投资存在的风险，跟着别人投资股票，想在股市中碰运气，殊不知风险离自己有多近。

股票价格的涨跌和股票代表的公司盈利有密切关系，因此，只有公司经营状况良好时，投资者购买的相应股票才有可能获利。投资者如果不了解所持股公司的详情，则很可能掌握不好该只股票的整体动向，容易出现买卖决策错误。

不仅如此，炒股还需要掌握一定的分析技术，实时观察股价走势时，可以利用专业的分析技术分析股价的后期走势，进而做出准确的判断，掌握买卖时机。而抱着赌徒心理的投资者，一般不会使用专业的分析技术分析股价，只是追涨，总是希望能在股价最高的时候卖出手中的股票，获得理想的投资收益，殊不知股价的变动有多快。等到股价封顶时才真正卖出股票，这样的做法很容易遭受股价暴跌的打击。

所以，投资者要想在股市中不那么提心吊胆，就需要掌握一定的股票投资的分析技术。最关键的是不能抱着"赌"的心态，否则就像赌牌一样，根据生活经验，赌牌输的时候比赢的时候多。

2．至少熟练使用一种炒股工具

炒股工具就是炒股软件，股民通过在炒股软件上注册自己的股票投资账号，然后在炒股软件中登录账号即可进行股票投资。下面我们以炒股软件——通达信为例，讲解其具体的使用手法。

登录进入通达信软件主界面，首先可以看到的是很多只股票的列表，列表中包括股票的代码、股票名称、当日涨幅、现价、涨跌、买价、卖价、总量和现量等相关信息，如图 7-1 所示。

	代码	名称	涨幅%	现价	涨跌	买价	卖价	总量	现量	涨速%	换手%
1	000001	平安银行	1.28	8.72	0.11	8.71	8.72	446851	154	0.11	0.31
2	000002	万科A	—	—	—	—	—	0	0		0.00
3	000004	国农科技	—	—	—	—	—	0	0		0.00
4	000005	世纪星源	股票的相关信息		.09	7.58	7.59	193054	7	0.13	2.11
5	000006	深振业A			.12	7.24	7.25	153534	138	-0.13	1.15
6	000007	全新好	×	—	—	—	—	0	0		0.00
7	000008	神州高铁	-0.29	10.43	-0.03	10.42	10.43	158007	671	-0.09	1.06
8	000009	中国宝安	1.31	13.94	0.18	13.94	13.95	726627	193	0.50	4.67
9	000010	美丽生态	2.32	7.51	0.17	7.51	7.52	55329	31	0.06	1.36
10	000011	深物业A	5.46	12.75	0.66	12.75	12.76	116295	11	-0.31	6.61
11	000012	南玻A	1.84	11.07	0.20	11.05	11.07	104862	20	-0.18	0.80
12	000014	沙河股份	1.76	17.33	0.30	17.32	17.33	33890	10	0.11	1.68
13	000016	深康佳A	10.07	4.92	0.45	4.92	—	824076	109	0.00	5.16
14	000017	深中华A	2.19	10.26	0.22	10.25	10.26	56878	29	0.00	1.88

图 7-1　通达信主界面主体区域展示

在该区域的每只股票对应的地方双击鼠标左键，即可查看相应股票的近期走势图。进入走势图查看近期走势后，可以按键盘上的【Esc】键退出走势图页面，返回到主界面。

在主界面上方，左侧有"系统""功能""报价""分析""扩展市场行情""资讯""工具"和"帮助"等菜单项。右侧有"行情""资讯""交易"及"服务"菜单项。如图7-2所示。

图7-2 通达信主界面上方菜单栏区域

在"系统"菜单项中一般可以进行系统升级、数据下载、资料打印、添加数据维护工具、访问相关链接网站以及推出炒股软件等操作。"功能"菜单项中可以进行各种股票投资分析，如技术分析、报价分析和报表分析等，还有一些小工具，如计算器、记事本和选股器等，还可以进行系统预警和版面定制等操作。"报价"菜单项中一般可以查看股票排名。在"分析"菜单项中可以切换不同类型的走势图。通过"扩展市场行情"菜单项可以进入其他股票市场，如香港主板、美国股票等。投资者可以自行学习其他菜单项涉及的操作，这里就不再赘述。这些操作都可以通过【Esc】键退出并回到主界面。

在主界面下方也有很多选项卡，可以通过这些选项卡实现股票板块的切换、股票市场的切换和理财工具的切换，如图7-3所示。

图7-3 通达信主界面下方选项卡区域

从上图可知，在该区域中，投资者可以查看A股、中小板、创业板、B股等板块的股票信息，也可以查看基金、港股、期权、期货和其他品种的价格信息。该部分的操作不能通过【Esc】键返回主界面，只有通过鼠标选择相应的选项或单击相应的选项卡进行切换。在该区域中，也可以通过链接进入其他的证券市场，要退出时，也需要借助鼠标手动切换。

在主界面右侧还有很多按钮，这些就是具体的操作按钮，可以向前翻页或向后翻页，也可以进行报价分析、及时分析、技术分析、报表分析、查看基本资料和财经资讯、交易委托及切换走势模式等操作。而投资者如果要进行股票交易，则需要单击主界面上方的"交易"菜单项。

3．熟悉国内各大股票网站平台

投资者除了可以通过炒股软件进行比较专业的股票投资外，还可以通过一些著名的股票网站进行股票信息查询。在强大的互联网中，也有不少著名的股票网站提供股票实时行情和股市大盘分析。

◆ **东方财富网**：东方财富网（http://www.eastmoney.com/）是一家综合性网站，站内不仅可以查询股票市场的相关信息，还能查询债券、期权、基金、黄金和外汇等的具体信息。

◆ **和讯网**：和讯网（http://www.hexun.com/）创立于 1996 年，也是一家综合性金融网站，站内包含了各种理财工具的信息。和讯网是联办集团的下属公司，而联办集团的前身是"中国证券市场研究设计中心"。在和讯网上可以进行网上开户和转户，还能参加炒股大赛，包括模拟赛、实盘赛和实盘跟投等。

◆ **证券之星**：证券之星（http://www.stockstar.com/）是一家侧重于股票信息的网站，但站内也包括了基金、债券和黄金等理财工具的信息。证券之星始创于 1996 年，是纳斯达克上市公司——中国金融在线旗下的网站，是中国最早的理财服务专业网站，是专业的投资理财服务平台。

◆ **老钱庄**：老钱庄（http://www.laoqianzhuang.com/）是一家主要针对股票披露相关信息的网站，但站内也包括了基金、债券和黄金等理财工具的信息。在老钱庄网站上，用户甚至是普通的网页浏览者都可以进入"股票直播"页面，选择相应的直播并进入其直播室，就可以与该直播一起关注实时股价走势，获得直播对股票的分析介绍。

上述这些网站的网页上只能查询股票的相关信息，不能进行股票的买卖交易操作，投资者需下载各网站对应的炒股软件才能进行股票买卖交易。

4．了解股票交易的常用术语

要做好股票投资，股市常用术语的掌握也是必不可少的。股票交易中有哪些常用术语呢？如表 7-1 所示。

表 7-1　股票交易常用术语

术语名称	解释
开盘价	指当日开盘后股票的第一笔交易成交价格，如果开市后 30 分钟内无成交价，则以前一日的收盘价作为当日开盘价
收盘价	每天成交记录中最后一笔股票交易成交价格
最高价	当日所有成交价格中最高的价位，有时最高价只有一笔交易，有时不止一笔最高价交易
最低价	当日所有成交价格中最低的价位，有时最低价只有一笔交易，有时不止一笔最低价交易
跳空高开	指当日开盘价比前一交易日的收盘价高出很多
跳空低开	指当日开盘价比前一交易日的收盘价低出很多
盘档	指投资者不积极进行股票买卖交易，而是采取观望态度，使当日股价波动幅度小
停牌	股票由于某种消息或进行某种活动引起股价的连续上涨或下跌，由证券交易所暂停其在股票市场上的交易。待情况澄清或企业恢复正常后，再复牌，在交易所挂牌交易
涨跌	以当天的收盘价与前一交易日的收盘价做对比，以此来决定股票价格是涨是跌。一般在交易平台上方的公告牌上用"＋"、"－"表示

续表

术语名称	解释
涨（跌）停板	证券市场中交易当天股价的最高限度（如普通股 10% 的限制，ST 股 5% 的限制）称为涨停板；交易当天股价的最低限度称为跌停板
庄家	购买的股票多，多到能影响股价走势
大户	即大额投资人，例如财团、信托公司及其他拥有庞大资金的集团或者个人
散户	零星小额买卖投资者，准备随时出手手中的股票
经纪人	执行投资者的命令买卖证券、商品或其他理财产品，并为此向投资者收取佣金的人
技术分析	以供求关系为基础对市场和股票进行分析研究，主要研究价格动向、交易量、交易趋势和形式，并制图表示这些因素，用图预测当前市场行为对未来证券的供求关系和个人持有的证券可能产生的影响
基本分析	根据销售额、资产、收益、产品或服务、市场和管理等因素对企业进行分析，也指对宏观经济和市场动态的分析，以预测这些因素对股市的影响
牛市	也称多头市场，指市场行情普遍看涨，延续时间较长的大升市
熊市	也称空头市场，指市场行情普遍看跌，延续时间较长的大跌市
牛皮市	指在大盘上升趋势中，股价上下波动幅度小，价格变化不大的市场行情，牛皮市的成交量往往很小，且买卖双方力量均衡
斩仓（割肉）	指高价买进股票后大势下跌，为避免继续损失，低价赔本卖出股票
套牢	指预期股价上涨，但买进后股价一路下跌，这种称为多头套牢；或是预期股价下跌，卖出股票后股价却一路上涨，这种称为空头套牢
手	国际上通用的计算成交股数的单位，必须是"手"的整数倍才能办理交易，而一般一手为 100 股，即至少必须购买 100 股
零股交易	不到一个成交单位（一手）的股票交易，如 1 股和 10 股等，在卖出股票时可以以零股进行委托，但买进时不能以零股进行委托
成交量	反映成交的数量多少和参与买卖的人数，一般可用成交股数和成交金额两项指标来衡量
内（外）盘	内盘为主动性买盘的即时和，外盘为主动性卖盘的即时和
委比和委差	委比是用来衡量一段时间内买卖盘相对强度的指标，而委差是委买（委托买进）委卖（委托卖出）的差值

术语名称	解释
量比	衡量相对成交量的指标，是开市后每分钟的平均成交量与过去 5 个交易日每分钟平均成交量的比值，量比可以反映主力的行为
放量	成交量比前一段时间的成交量明显放大
除权价	扣除股东权益后的股票价格（股票市值）
认股权证	股票发行公司增发新股票时，发给公司原股东的，以一定优惠价格购买一定数量股票的证书。认股权证通常有时间限制，过期无效，在有效期内，证书持有人可以卖出或转让证书
多头与空头	多头是指对股票后市看好，先买进股票，等股价涨至某一价位时卖出股票赚取差价的人；空头是指认为股价已上涨到高点，后续会下跌，或者已经下跌，认为还会继续下跌，趁高价卖出股票的人
吃货与出货	吃货指庄家在低价时暗中买进股票；出货指庄家在高价时，不动声色地卖出股票
黑马与白马	黑马是指股价在一定时间内上涨一倍或数倍的股票；白马是指股价已形成慢涨的长升通道，还有一定的上涨空间
全额交割	是证券主管机关对重整公司或发生重大问题的上市公司的股票制定的买卖交割办法
洗盘	指庄家大户为降低拉升成本和阻力，先把股价大幅度拉低，回收散户因恐慌而抛售的股票，然后抬高股价趁机获取价差利益的行为

以上是股市中最基础的专业术语，股票交易过程中还会涉及其他更多的专业术语，在这里就不再一一讲解，投资者可以自行上网查询。

7.2 一学就会的股市投资策略

在股市投资中，很多投资策略都与 K 线形态和走势的分析有关，一般被称为技术分析。投资者掌握这些分析技术，可以比较准确地分析股价当前现状，并且可以预测后市的股价走势，抢占股票买卖先机。

1. 单日 K 线形态判断市场强弱

单日 K 线形态通常是指单一的 K 线，它主要由实体部分与上下影线两部分组成。实战经验表明，投资者可以通过分析单日 K 线的实体部分的长短、上下影线的长短以及它们之间的相互关系，以此来判断多空双方量能的大小、动能的多少或者买卖力度强弱，如表 7-2 所示。

表 7-2　单日 K 线形态与市场强弱的判断

名称	形态	市场强弱分析
光头光脚阳线		一般出现在上升趋势中，可能是突发性利好信息影响所致。这类 K 线表明当日开盘价即为最低价，收盘价为最高价，实体越长，其价格上涨势头越强，后市大涨的可能性越大
带上影线阳线		一般出现在股价升势接近尽头的位置，反映股价经持续上涨，获利抛压严重，股价上升阻力大，后市面临调整，看跌可能性较大，上影线越长，说明卖方压力越重
带下影线阳线		一般出现在股价升势过程中，反映股价在当日走势中曾跌破开盘价，但随后大涨，以最高价收盘，说明空方卖压被多方消耗，后市继续上涨的可能性较大，下影线越长，说明卖方力量越强
大阳线		带上下影线实体较长的阳线，反映在当日股价走势中，多空双方争夺激烈，但最终以多方强劲的买盘将股价推高收盘。该类 K 线表明后市上涨可能性较大，上下影线长短对比可以反映多空双方力量强弱
小阳线		带上下影线实体较短的阳线，该类 K 线反映股价牛皮，涨跌难料
光头光脚阴线		一般出现在升势尽头，也是跌势的初期，可能是突发性利空信息影响所致。该类 K 线表明当日开盘价即为最高价，随后股价步步走低，直到以最低价收盘，实体越长，后市大跌的可能性越大
带上影线阴线		一般出现在持续上涨几日后或下跌趋势中，表明股价上升阻力大，卖方压力很重。该类 K 线若出现在上升趋势中，则表明股价可能由升转跌，若在下跌趋势中，则表明股价反弹无力，后市将继续下跌

续表

名称	形态	市场强弱分析
带下影线阴线		一般出现在股价下跌趋势中，股价先跌后涨，表明卖方抛压有限，买方有一定的力量，虽然当日多方未能突破空方阵地而收阳线，但已积蓄一定的力量，股价有可能止跌反弹。下影线越长，买方力量越强
大阴线		带上下影线实体较长的阴线，反映当日股价走势中，多空双方争夺激烈，但最终以空方强劲的卖盘将股价压低收盘。该类K线表明后市下跌的可能性较大，上下影线的长短对比可以判断多空双方力量强弱
小阴线		带上下影线实体较短的阴线，常在盘整行情中出现，单独的小阴线很难推测后市的涨跌。其波动范围在0.6%~1.5%
十字线——上升转折线		反映股价开盘后一路下跌，随后掉头向上，以当日开盘价收盘，这是一种转跌为升的K线形态，后市可能有一段持续上升的行情
十字线——下跌转折线		反映股价以全日最低价开盘后一路上涨，但遇到空方抛压，随后掉头下跌，以当日开盘价收盘，这是一种由升转跌的K线形态，后市转为大跌趋势
十字星		上下影线等长的十字线，反映多空双方反复争夺，势均力敌。若上下影线较长，可视为转向信号，即持续下跌趋势转为上升趋势或持续上升趋势转为下跌趋势；若上下影线较短，且股价处于中价区域，则后市不明朗
长下影线十字星		下影线比上影线长的十字线，这类K线形态多出现在下跌走势中，出现在较低位置时，预示股价见底，后市多方将扭转局势，股价回升
长上影线十字星		上影线比下影线长的十字线，显示了卖方的力量战胜了买方力量。这类形态多出现在升势的尽头，后市下跌的可能性较大

做短线投资的理财人，最好能利用单日K线把握市场强弱，以此预测下一交易日或后几个交易日的股价走势。这样，投资者可以准确地找到买卖股票的时间点。

2. 组合 K 线形态测市

K 线图的形态指标就是比较有预示意义的 K 线形态，如三重底、头肩底、圆弧底、"M"头和"V"形顶等。这些特殊的 K 线形态一般都是股票价格的转折点，也是投资者的买卖点。所以学会判断 K 线的形态，就能更准确地认清行情，帮助投资者做好股市投资。

■ 看涨的 K 线形态

理财人作为投资者，要想在股市中获得收益，需要识别看涨信号，这样就可提前买入股票，等股价涨到一定程度时卖出，获得价差收益。那么有哪些 K 线形态的出现是预示股价上涨呢？

以比较可靠的看涨 K 线形态为例，有三重底、头肩底、V 形底和岛形底等，如图 7-4、图 7-5 所示。

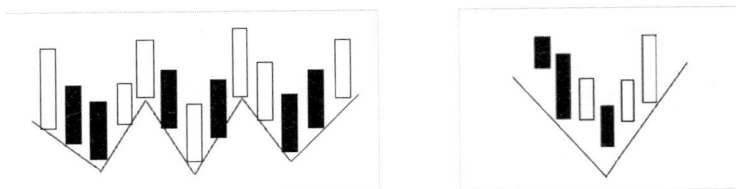

图 7-4　三重底（左）和 V 形底（右）

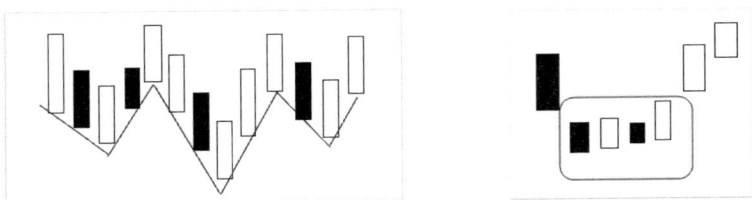

图 7-5　头肩底（左）和岛形底（右）

三重底一般出现在股价运行的低位区，且由 3 个位置几乎持平的低价位构成。比较可靠的三重底，在 3 个低价位之间至少都存在着 3 个交易日的间隔，投资者在第三个低价位时即可建仓买入。

V 形底一般出现在股价下跌的末端位置，与三重底相比，只存在一个绝对低位，往往就是股价的底部位置。有时 V 形底的出现预示着股价会出现暴涨，但这只是偶尔的情况。有经验的投资者可以在 V 形底部时就建仓买入，但有些心里没把握的投资者害怕在 V 形右侧，价格上涨不久就下跌而导致损失，这时，投资者可以观望几天再建仓买入。

头肩底的外形与三重底相似，只是第一个底和第三个底要比第二个底的水平位置高，而第二个底就是所谓的"头"，第一、三个底就是"肩"。当头肩底形成后，投资者可以在第三个底部或右侧上涨过程中建仓买入。

岛形底由被孤立起来的 K 线组成，孤立是指股价两侧都出现了缺口，即左侧跳空下跌缺口和右侧跳空上涨缺口。两个缺口之间的 K 线根数不限。岛形底一般出现在下跌尽头，投资者在股价跳空上涨日即可建仓买入。

在股市中，还有很多其他看涨 K 线形态，预示着股价上涨，投资者可以在实际投资过程中慢慢研究，这里就不再一一讲解。

■ **看跌的 K 线形态**

理财人作为投资者投资股市时，除了要掌握上涨信号把握买入时机外，还需要避免遭受损失或者减少损失，这时就需要掌握看跌信号，这样才能更好地抓住卖出时机。有哪些看跌信号可以预测股价下跌呢？这里介绍与看涨的 K 线形态对应的看跌信号，如三重顶、头肩顶、V 形顶和岛形顶，如图 7-6、图 7-7 所示。

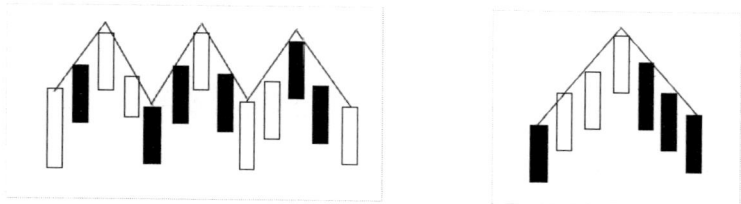

图 7-6　三重顶（左）和 V 形顶（右）

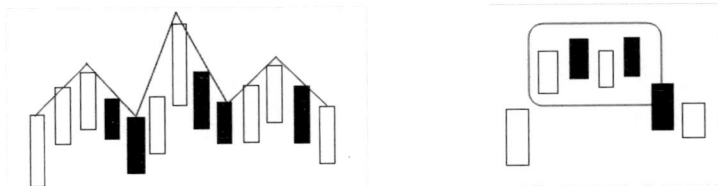

图 7-7　头肩顶（左）和岛形顶（右）

三重顶刚好与三重底相反，常出现在股价的顶部区域，3 个顶的价位基本在同一水平线上，3 个顶之间的间隔越大越好。投资者要想避免损失或者减少损失，则需要在第三个顶的左侧（即在三重顶的第五个时间段）时着手卖出，或者在第三个顶的右侧一开始就出手卖出。

V 形顶是倒置的 V 形底，只不过 V 形顶出现在股价的上涨过程高位区域。因为 V 形顶的时间跨度比三重顶短，所以增加了判断难度，因此，投资者可以在刚出现 V 形下跌时就卖出，也可先观察一日后再出手卖出。

头肩顶与头肩底相反，理财人要想避免亏损或者止损，需要做出和三重顶出现时进行的操作类似的行为，即在最后一个顶的左右两侧卖出手中的股票，运气好的投资者，还可能刚好在第三个顶的顶端卖出股票。

同理，岛形顶与岛形底恰好相反，左侧为跳空上涨缺口，右侧为跳空下跌缺口，将中间的 K 线孤立起来。一般出现在股价高位区域，投资人需要在右侧跳空下跌的最初位置时卖出股票，以减少损失。

其他还有很多特殊的 K 线组合形态能够反映股市的转折信号，这里就不再一一讲解。

3. 移动平均线的交叉排列预测行情

移动平均线简称 MA，也可称其为均线。均线一般按照不同计算周期来进行分类，可分为短期均线、中期均线和长期均线。

◆ **短期均线**：一般为 5 日或 10 日均线，可作为短期买卖股票的依据，但短期均线的具体信号很难把握。

◆ **中期均线**：一般为 20 日、30 日、40 日或 60 日均线，相比短期和长期均线，中期均线的使用率最高，在进行股票投资活动时，以 30 日均线为最佳。

◆ **长期均线**：一般为 120 日、150 日、200 日或 250 日均线，这是适合长期投资者使用的均线，对短期股价走势的预示效果欠佳。

投资者在使用炒股软件时可以选择显示多根均线，当把鼠标移动到某一根均线上时，页面会提示该线是哪个周期的均线。另外，投资者需要了解均线的特点，这样可以方便日后使用均线分析股市行情。

（1）均线由价格变动参数计算而来，所以它会追随价格的趋势，并且适当与价格保持一致，因此均线的大致走向可以反映出股价的大致走向。

（2）均线一个最大缺点就是滞后性，它发出的信号往往是在出现价格变动以后，投资者若以均线为参考做出买卖决定，很可能错失投资良机。

（3）均线的助涨助跌是指价格突破均线时，可能会在原有趋势上表现得更为剧烈，即突破均线上涨的涨势剧烈或者突破均线下跌的跌势凶猛。

（4）均线还有支撑和打压的作用，如果一段时间的股价都在均线的上方，则说明这段时间的股价受到均线的支撑，后市看好；反之，股价在均线下方时，说明均线给股价施压，后市行情不太乐观。

由于单靠某一根均线很难准确把握股市，因此投资者可以结合不同均线的交叉排列信号来判断股价走势。

■ **移动平均线的金叉**

均线的金叉又称黄金交叉，是指在上升过程中的短期均线由下往上穿过上升中的中长期均线，均线交叉的位置就叫金叉。出现金叉时，表示后市看涨，如图 7-8 所示。

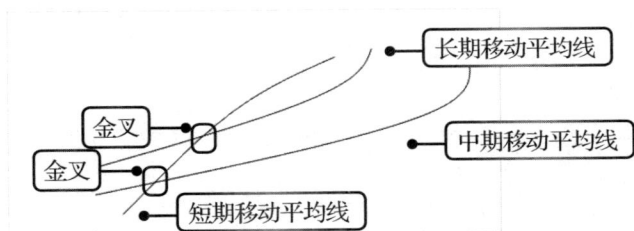

图 7-8　移动平均线的金叉

■ **移动平均线的死叉**

均线死叉的含义与金叉相反，是指在下跌过程中的短期均线从上往下穿过下降中的中长期均线，均线交叉的位置就叫死叉。出现死叉时，预示后市股价将继续下跌，是做空卖出信号，如图 7-9 所示。

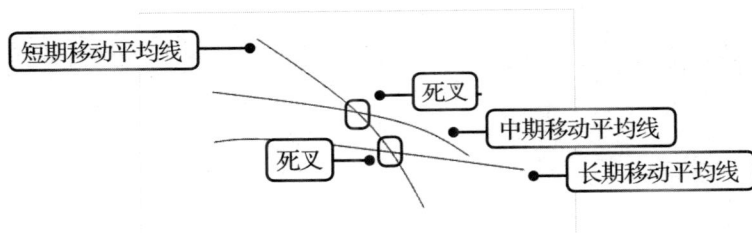

图 7-9　移动平均线的死叉

■ **移动平均线的多头排列**

移动平均线有规律地排列，也是一种涨跌信号。而均线的多头排列是指在一轮上涨行情中，由 3 根或 3 根以上的移动平均线组成，且最上面的一根为短期均线，中间为中期均线，最下面的为长期均线，以这样的顺序排列。同时，在多头排列中股票价格 K 线要在移动平均线的上方，即均线给股价提供支撑作用，如图 7-10 所示。

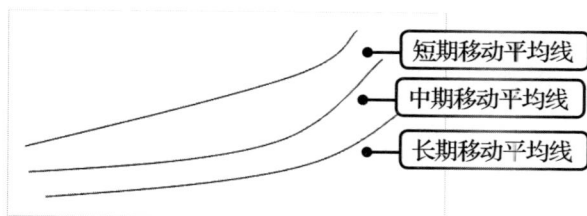

图 7-10 移动平均线的多头排列

一般来说，当出现上涨的多头排列均线组合后，就表示市场会有继续上涨的可能，此时投资者可以考虑买进做多。

■ **移动平均线的空头排列**

均线的空头排列是指在一轮下跌行情中，由 3 根或 3 根以上的均线组成，且是从上到下为长期、中期和短期均线的顺序排列的均线组合，并且股票价格 K 线在各条均线的下方，即均线起施压作用，如图 7-11 所示。

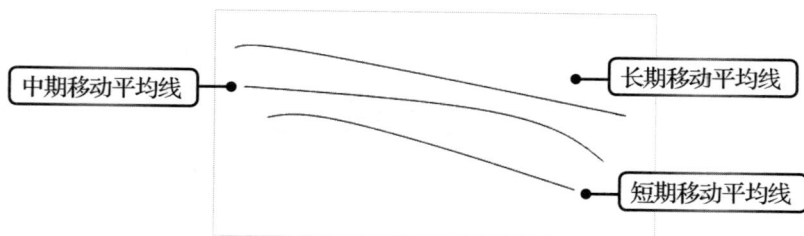

图 7-11 移动平均线的空头排列

均线空头排列是一种看跌信号，在形成的前期，是投资者做空卖出的好时机，到了后期则不适合做任何操作。

【提示注意】

投资者虽然可以利用均线交叉排列的规律来判断股市行情，但千万不能忽视均线的滞后性。因为均线行动过于迟缓，掉头速度落后于大趋势，等均线发出反转信号时股价已反转多时，所以投资者还要结合其他分析方法分析股价。

7.3　一位股市牛人传授的炒股必杀技

> 很多时候投资者都喜欢跟着前人或根据前人的经验进行股票投资，认为这样可以提高炒股赚钱的概率。其实，如果是普通的投资前辈，他的经验并不十分准确，投资者还是需要有自己的主见，但如果是股市牛人就另当别论了。

1．为什么散户炒股不容易赚钱

通常情况下，散户总是无法做到意志坚定地持有一只好股票，总是喜欢频繁换股，因此不容易赚钱。散户意志不坚的主要表现是什么呢？

◆ **一味坚持见好就收的思想**：散户总是认为见好就收，卖出后再去买一只看好的股票，这样下去便永远不会亏损。这种做法看似有道理实则荒谬。因为有可能买进的股票不会上涨，而卖出的原来的个股却反而上涨了，这是踏空的风险；而且，新买入的个股很可能不但不上涨，反而会大幅下跌，使原来的利润化为乌有，这种情况就得不偿失了。

◆ **意志弱**：一些人总认为自己买的股票不好，看到别的股票在猛涨，自己的股票不涨，于是心里着急，认为自己买的不是热点，然后就在小有获利甚至亏损的情况下卖出，去追买那些已经涨了不少的、自认为是热点的好股。这里面说明投资者的自信心不强或意志不坚定。到后来发现自己原来买的股还是一只好股，在卖出后涨了。所以，只要投资者买的股不是国家政策打压的行业、不是夕阳行业的个股、不是"大路货"的个股以及不是那种趋势走坏的个股，就可放心持有，终会上涨，只需耐心等待；另外，投资者一定要有顽强的意志力，要坚信市场是公平的，上涨的日子总会降临到自己的头上。

◆ **总是坚信炒波段赚得更多**：理论上来说，炒大波段是不会有错的，而大波段的涨幅最少要超过 30%。如果短期利润超过了 30%，先卖出是不会有错的。但很多人卖出之后，没有耐心等到原来那只股票调整到位，却又买入另一只股票。这种做法为什么会赚不到钱呢？因为投资者新买的股票很有可能会在接下来的行情中下跌或补跌，甚至比原来卖出的那只股票跌得更多，再加上手续费，亏得更多。投资者轻易做波段的结果就是拥有的好股票只数越来越少，因为投资者没有办法保证原来买的个股价格还会在低位等着投资者去买回来。所以，不要盲目炒波段。

【提示注意】

技术心得并不是万能的，很多技术指标也是在前面的投资者亲身实践过后总结出来的规律，但并不是铁律，也不像数学公式一样是定理。股市的各种风险，让股市价格的波动存在很多可能性，因此，一味地依靠技术心得来炒股也会有亏损的风险。但即使是这样，技术心得确实是很多新手股票投资者的救生衣，虽然依靠技术心得可能并不能获得很好的收益，但一定能规避一些风险，减少一些损失，让投资者不至于满盘皆输。

2．你是不是还在用月线选股

月线是指以一根单独的 K 线表示一个月中二十几个交易日的价格变化，与一根单独的 K 线表示一天中价格变化的日线类似。从以往的投资者经验来看，采用月线操作确实可以探查股价的底部，投资者就可在底部买进股票，然后等待股价上涨，获取收益。

但是，月线指标的分析工作比较复杂，投资者一般都需要反推到周、日或 60 分钟图形上去找拐点，这样才能保证可能不被套，或者套得很浅、时间很短。

那么投资者应该怎样选股呢？因为拐点的判断需要借助周、日或 60 分钟图形来分析得出，但 60 分钟图形和日线的时间太短，对拐点可能性考虑不到位，容易有较大的误差，所以投资者需要适当地运用周线来选股。一些具体办法如图 7-12 所示。

第一点　　周线与日线共振
周线反映股价的中期趋势，日线反映股价的日常波动，若周线指标与日线指标同时发出买入信号，则信号可靠性便增大。比如周线KDJ与日线KDJ共振，通常是一个较佳的买点

第二点　　周线二次金叉
当周线图中的股价经历了一段下跌后反弹起来，突破30周均线位置时，称为"周线一次金叉"，此时往往是庄家在建仓，投资者不要参与保持观望，当周线图中的股价再次突破30周均线时，称为"周线二次金叉"，表明庄家洗盘结束，即将进入拉伸期，后市将有大幅上涨。投资者此时可密切关注该股动向，一旦日线发出买入信号，即可大胆买入跟进

第三点　　分析周线阻力
周线趋势发展的支撑与阻力，较日线图上的可靠度更高。以周线角度来看，不少超跌品种第一波反弹往往到达了60周均线附近就有了不小的变化。以周K线形态分析，如果上涨周K线以一根长长的上影线触及60周均线，说明60周均线压力较大，后市价格多半还要回调；若以一根实体周线上穿甚至触及60周均线，则后市继续上涨彻底突破60周均线的可能性很大

第四点　　运用周线的背离信号
日线的背离并不能确认股价是否见顶或见底，但若周线图上的重要指标出现底背离和顶背离，则几乎是中级以上底(顶)的双顶和双底可靠信号，对寻找未来的底（顶）部有良好的借鉴作用

图 7-12　运用周线选股

在牛市中，很多人会做波段而少做短线，因此，选股的时候要从周线入手，这样可以选出做大波段的好股。首先利用周线图选出趋势线向上的个股，然后再从这些个股中选出 MACD 黄白线都在 0 轴之上的个股，再把 MACD 黄白线在 0 轴上方金叉向上的个股选出，再回到月 K 线图上，找出有一波拉升回调的个股，最后进入该股日线图上，选择最佳买入点。

3．论长线选股的重要性

首先，长线反映了股市很大范围的趋势，对股市的判断更加准确，比起短线选股，投资者可以更多地借助长线做股票投资。

比如，投资者利用短线判断股价的底部，想要在底部买进，等股价上涨后卖出获取收益。但利用短线寻找底部很可能找到的是假底部，投资者在这时买进股票，很可能会面临又一次的股价下跌。而长线选股，其走势综合了各种因素对股市的影响结果，虽然不能保证百分之百赚钱，但能帮助投资者止损或规避损失惨重的风险。

而且，长线选股比较符合专业投资的规划，投资股票如果不是技术性较高的人才，则最好避免进行短期操作，因为短期操作需要耗费更多的手续费等成本，如果技术不好，投资股票获利较少，频繁地支付手续费后，很可能得不偿失。

长线选股综合了很多技术指标，中间考虑到了很多风险会给股价带来的负面影响，规避这些影响从而整合了一种长线操作。这样可以同时规避多种风险，在长线操作中互相抵消这些风险，使得长线选股更准确专业。

4．笑看股评，冷暖自知

股评就是对股市行情的分析和评论，通常，股评存在于电视、网站、博客、报纸和证券机构通告等地方。

新入市的股民一般都很依赖股评，几乎遇到股评就依葫芦画瓢照章操作。但很多时候，股民不但不能获取理想的收益，反而被套牢。

因为股市中会有很多鱼目混珠的"专家"，这些"专家"的文化素质和专业能力都不强，做出的股评通常缺乏客观公正性。因此，如果投资者轻信了这些股评，很可能被这些股评害得投资失败，造成经济损失。

因此，投资者在对待这些股评时，需要认清自身的投资需求和收益目标，不要轻信"股票一定会大涨"和"股票已经进入暴跌前期"等太过绝对的评价，否则容易被带着利益目的的股评者牵着鼻子走，掉入其设好的圈套中，成了真正的当局者迷。

投资者要坚信自己对股市的判断，思想不要轻易被纷繁复杂的股评影响或左右，要时刻记住，做出股评的股评者也是普通的人，他们最多比一般的投资者懂得更多技术指标，但却不能保证这些股评者是否真心实意做出的股评，还是为了其自己的利益而故意散播不正确的股评，误导投资者进行不正确的股市投资操作。所以，投资者如果懂得一些技术分析，则要坚信自己对行情的把控能力，将股评只作为参考，不作为实际的投资手段或策略。

5．必要的放弃也是在赚钱

股市中有一个专业术语叫"止损"，很多投资者都会遇到投资股票的资金被套牢的情况，也就是在高价位时买入，之后股价一路下跌，而投资者为了减少损失或者避免被套牢，都会在相应的时间内出售股票。

这种做法虽然不能实实在在地赚钱，但起码能够减少经济损失，相比损失惨重的一直持有可能被套牢的风险，果断地放弃股票也是一种赚钱的表现。

必要时放弃可以增加选取其他好股的机会，同时就拓宽了获取其他收益的范围，并且提高了获取投资收益的可能性。

学会放弃也是"治疗"股票投资过程中的"纠结"症的有效办法，培养投资者投资股票时的果断风格，使得投资者在进行买卖交易时更迅速，从而更好地把握买卖信号，再采取果断的应对策略，这样能很好地利用股价走势中的拐点信号。

7.4 学会这些，新手入市也能赚大钱

新手入股市，首先会感到不知所措，不知道该这么进行股票买卖，不知道怎么选股，不清楚什么样的股市选什么样的股票，更不知道怎样更好地规避风险。因此，新手要想在股市投资中获取收益，这些问题是一定要解决的。

1. 新股民入市要遵守哪些法则

新股民入市要遵守的法则，其实是限制新股民的底线，也是对新股民炒股的一些基本要做到的事的总结，这样可以帮助投资者不至于在刚进入股市就遭受重大的失败打击。

◆ **买股票前先进行大势的判断**：看大盘是否处于上升周期的初期，如果是，则可以选股买入；看宏观经济政策和舆论导向的偏好板块，从这一板块中选出几只代表性板块，看其成交量是否大于其他板块，用这一方法确定5~10只个股；最后收集目标个股的全部资料，包括公司地域、流通盘、经营动向、年报、中报、股东大会（董事会）公告和市场评论等信息，剔除流通盘太大、股性呆滞或经营出现重大问题且暂时无重组希望的品种。

◆ **中期均线地量法则**：选择中期均线（如 10 日、20 日或 30 日）经过 6 个月稳定向上的个股，其间大盘若下跌，而均线均表示抗跌，则一般只短暂跌破 30 日均线；大盘见底时地量出现（以 3 000 万流通盘日成交 10 万股为标准）；短线以 5%~10% 为获利出局点，中线以 50% 为出货点，以 10 日均线的拐点为止损点。

◆ **短期均线天量法则**：选择近日底部放出天量的个股，对日换手率连续大于 5%~10% 的股票进行跟踪观察，短期均线出现多头排列，而 60 分钟均线高位死叉后缩量回调，15 分钟的能量潮指标（OBA）稳定上升，股价在 20 日均线上方走稳，那么在 60 分钟均线再度金叉的第二个小时逢低分批进场。

◆ **选择强势新股**：选择基本面和成长性良好、流通盘 6000 万以下的新股观察，上市首日换手率 70% 以上，但大盘次日行情明显好转，此时新股民可以选择创新高点或天量点介入，获利 5%~10% 出局，此时止损设为保本价。

◆ **不买下降中的股票**：猜测下降股票的底部是极具风险的做法，因为该股可能根本没有底。

◆ **做好止损的准备**：首先要明白没有谁不曾亏钱，没有谁是百发百中，一旦出现与预想不同的情况，宁可错失一次机会也要果断止损出局，保持资金的自由，耐心等待下一次交易机会。

◆ **分批买入一次卖出**：确定目标股票后结合盘口走势试探性买入，趋势确立后再逐渐加码，不可一次性满仓买入，避免因分析不全面造成太大损失。到达目标位则一次性了结，不可拖泥带水，贻误下一次交易机会。

对于新股民而言，股市中还有很多需要了解的法则，这里就不再一一讲解。总的来说，新股民要端正投资态度，认真对待投资股票的各种信息。

综合考虑这些信息的真实性和准确性，再适当结合一些法则进行股票投资。

2. 散户选股三步走

散户选股一般都会跟着大众投资者做出选择，很少会有人有自己的主见。一旦投资失败，就抱怨自己当时没有按照自己的想法走。由此可看出，选股对于投资股市盈利的重要性。那么散户如何选股呢？如图 7-13 所示。

第一步　　看大市走向
如果大市不好，最好什么股都别买。但对于大多数投资者来说，没办法让闲钱空置，即使看到有临界入场点也要克制，不要轻易有所行动。因为大环境下，投资者的投资胜算不大
第二步　　找"牛劲"足的股票
如果两只股票的技术图形相似，而其中一只股票的"牛劲"足，另一只股票的"牛劲"弱，则选择"牛劲"足的那只股票。因为"牛劲"足的股票，其上涨动力更大，股价上涨更容易。
第三步　　选"牛劲"足的领头股
当判断股票大市为"牛市"，并选择"牛劲"最足的类别股后，投资者就要在这些"牛劲"足的股票中选择一两只领头股。这些领头股可以是该类别的"龙头老大"，也可以是特别产品或专利技术的行业股

图 7-13　散户选股三步走

在大市不好的情况下投资者一定不要频繁操作，以控制仓位为主。上升市和震荡市才是操作良机。一定要选趋势已经明朗的股票，不选模棱两可的股票。

3. 大庄家是怎么洗盘的

庄家洗盘是为了吓走信心不足的散户，因此庄家必然会制造出疲弱的盘面假象；或者是凶狠的跳水式打压，让信心不足的散户产生"一切都完了"的错觉，然后就会在惊恐中抛出手中的股票。另一方面，庄家要在关键的技术位护盘，目的是让另一批看好后市的人继续持股，以达到提高平均持股成本的目的。那么庄家经常使用的洗盘手法有哪些呢？

◆ **打压洗盘**：先将股价拉高，然后实施反手打压，但一般在低位停留的时间（或天数）不会太长。

◆ **横盘筑平台**：在拉升过程中突然停止做多，使缺乏耐心的投资者出局，这一做法持续的时间较长。

◆ **边拉边洗**：在拉高股价的过程中回调，将意志不坚定的投资者震出股市。

◆ **上下震荡**：此法较常见，庄家将股价维持在一个波动区间，让投资者摸不清庄家的炒作节奏。

◆ **大幅回落**：一般发生在大势调整时期，庄家会顺势低吸廉价股票。

从概念上了解了庄家洗盘的手法后，投资者最重要的是认清庄家洗盘时 K 线图的特征，这样才能从 K 线图中看出庄家在洗盘。

庄家洗盘时，K 线图大幅震荡，阴阳线夹杂排列，行情不稳定；洗盘时的成交量没有规则，但有递减趋势；在洗盘过程中，常常出现带上下影线的十字星；庄家洗盘时的股价一般维持在其持股成本的区域之上，如果投资者无法判断，可关注 10 日均线，而做中长线投资者可以关注 30 日均线；洗盘过程即调整过程，所以股价走势的整体图形外观大体为三角形整理、旗形整理或矩形整理等形态。

4. 三大解套的绝招

被股市套牢是投资者最不愿遇到的事情，很多股民在被套后都会遭受巨大的经济损失。所以怎样在股票遇到被套情况时解套成了投资者重点关注的问题。

（1）高卖低买解套。投资者在股价反弹到一定高度并见短线高点时，先卖出，待其再次下跌一段时间后再买回，这样的高卖低买手法可以降低股票的成本。等到将总资金补回了亏损，完成解套，并有一定的盈利，投资者再卖出手中最后一次购买的股票。

（2）盈亏抵消法解套。投资者在股价每跌一段，就加倍地买进同一只股票，等股票一上涨或反弹，就马上全部卖出。这样通过后买的股票盈利抵消之前被套的亏损，解套出局。

（3）单日进行买和卖。因为股价每天都有波动，所以可以从股价波动上下功夫。比如昨天有一手（100股）被套，今天就可以先卖出这100股，然后等股价下跌了再买进100股，或者先买进100股，等股价上涨了就卖出原来的100股。这样每天收盘时手中还是100股，但是买和卖两次操作获得了一些收益，多次操作，多次收益来弥补之前的亏损，以此解套。

5. 牛市和熊市如何选股

根据股市的大市情况，可以将股市分为两个大类，即牛市和熊市。牛市是指市场行情被看好的股市，熊市是指市场行情不被看好的股市。在不同的股市中，投资者需要运用不同的选股法选择股票，争取盈利。

■ 牛市中选股方法

在牛市中选股，思维要简单，尽量用最基本的选股策略。因为牛市实际上是一次各路资金疯狂入市的过程，盘子大或市值大的股票会更受追捧。此时，投资者有4种方法选股。

一是紧跟市场热点，选择一只人气最强的股票；二是买"主角"地位的股票，即在当前不同行业的不同发展情况下，选择一类发展前景好的股票，比如房地产市场行情较好，则买进房地产行业的股票；三是不买不涨不跌的股票，因为这类股票收益的可能性很低，有涨有跌才表明该只股票是"活"的，不是一潭死水，在短时间内就可见盈亏分晓，这样的股票不会耗费投资者太多不必要的精力；四是买均线平稳，且股价处于上升通道的股票。股价之所以为通道，就表明通道一旦被打开，人气会急剧上涨，股票也会随之上涨，牛市中的上涨股票一般收益较理想。

■ 熊市中选股方法

熊市本身就是一种不被看好的市场行情，同时也是所有股民需要面对的客观市场，那么在熊市中如何选股才能盈利或者规避亏损风险呢？

- ◆ 升势时选择板块类个股；盘整时选择具有突破性的个股比较好；跌势时不做板块，因为即使做了，那些除了龙头股以外的个股也不会被带动上涨。

- ◆ 尽量在尾盘买，这样投资者可以对自己的操作有更清醒的认识，而不会被复杂的市场迷惑。

- ◆ 不要看见大阳线就盲目地进行操作，以为大阳线出现了，后市股价可能上涨，于是就买进股票想要获利。这是不理智的做法，即使是大阳线的出现，投资者仍要考虑其所处的行情大市，熊市中的大阳线很可能是暂时的回升，投资者最好不要选股买入。

- ◆ 不要在熊市的时候越跌越买，以为可以反弹，到那时就可获利，实际上越跌越买的风险比越涨越买的风险更大。

6. 根据成交量判断行情

很多人认为，股票成交量越大，价格就会越往上涨。其实不然，在任何价格下，有买入者就会有相应的卖出者。在一个价格区域，如果成交量出乎意料地放大，只能说明在这个价格区域，股民的分歧比较大，比如

100人看涨，100人看跌；如果成交量比较清淡，则说明股民分歧小或对该股不关心，比如10人看涨，10人看跌，还有180人处于观望状态。那么怎样利用成交量判断股价的走势呢？

（1）成交量变化确认价格运行趋势。当出现较大的成交量或成交量日益增加时，则表明市场行情将上行或者下行；而成交量很小或者成交量日益减少，则表明市场未来的行情趋势将与原来的行情趋势相反。

（2）成交量警示趋势的强弱。如果市场成交量一直持续锐减，则是在警告投资者当前股市趋势正开始弱化，尤其是在市场成交量本来就小的情况下创新低，这样的判断依据准确性更高。

（3）成交量的变化确认股价的区间突破情况。市场没有上行或者下行的趋势时，称为股价处于波动区间，而价格创新高或创新低时，只有伴随成交量的急剧增加，才可能真正实现对波动区间的突破，若是价格创新高或新低但缺乏成交量的配合，则市场很难真正改变当前的运行区间。

（4）成交量的变化影响股价的涨跌。股民对股市看好，就会向股市投入资金，而股民不看好股市，就会卖出手中的股票退出股市，这样就会引起成交量变化。但这始终是一个相对过程，因为不会所有人都同时看好或者看坏某只股票。比如市场上现在有100个人交易，某只股票的价格在10元时可能有80人看好，认为以后的价格会继续上涨，而当这80人买进该只股票后，股价涨到了30元，开始买入的80人可能会有30人认为价格不会再涨，然后就卖出股票，而当初看跌的20人觉得价格会涨，于是买入股票。这样卖出的有30人，买入的只有20人，可能就会导致股价下跌。因此成交量变化可能会影响股价。

（5）利用成交量发现股市黑马。这一方法主要是观察成交量均线，若成交量在均线附近频繁震动，股价上涨时成交量超出均线很多，而股价下降时成交量低于均线很多，则该股应成为密切关注的对象，因为这些现象都表明筹码正在不断地集中到主力手中。

（6）成交量变化预示股价趋势中的拐点将出现。当成交量突然增加或减少时，说明股市中很多股民在进行股票的买卖，此时可能因为买卖的人数不同而引起股价的变化，也就在股价的整体趋势中形成一个拐点，改变了股价原来的运行方向。

7.如何规避股市的风险

股市投资会遇到五大风险——系统风险、市场风险、经营风险、购买力风险和利率风险。对这 5 种风险的规避方法有所不同，有所侧重。接下来将一一进行详细讲解。

■ 分散系统风险

系统风险是没办法消除的，股民们只能规避或者对风险进行分散。首先在购买股票时不要集中购买同一行业的几只股票，否则一旦碰上行业不景气，可能该行业的股票都会下跌，投资者将面临巨大损失。

其次，投资者不要把全部资金用来购买一家企业的股票，即使该企业目前经营状况良好，但不能保证往后经营良好，所以不能保证股票行情也会一直好。另外，股民们的投资时间也要分散。购买股票前应先了解各种股票的派息时间，这样可以错开派息时间购买股票。通常情况下，在派息前的股价都会上涨。这样即使投资者购买的股票因利率或物价等变动而蒙受损失，也可以在另一时间派息的股票上获利。

■ 回避市场风险

市场风险来自各种因素，所以需要综合运用回避方法。一要掌握趋势。对每种股票价格变动的历史数据进行详细分析，从中了解其循环变动的规律和收益持续增长力。二要搭配周期股。有的企业受其自身经营限制，一年里总有一段时间停工停产，其股价在这段时间里大多会下跌，投资者为了避免因股价下跌而造成的损失，可策略性地购入另外一些开工、停工时间刚好相反的股票进行组合，互相弥补股价可能下跌造成的损失。三要选择买卖时机。以股价变化的历史数据为基础，算出标准误差，当股价低于标准误差下限时购进股票，当股价高于标准误差上限时卖掉股票。四要注意投资期。正确地判定当下经济状况在兴衰循环中所处的位置，把握好投资期限很重要，不要把股市淡季作为大宗股票投资期。

■ 防范经营风险

购买股票前要认真分析投资对象，即某企业或公司的财务报告，研究其现在的经营情况、竞争优势和以往的盈利情况趋势。投资者将能保持收益持续增长和发展计划切实可行的企业当作股票投资对象，与那些经营状况不良的企业或公司保持一定的投资距离。

■ 避开购买力风险

在通货膨胀期内，应留意市场上价格上涨幅度高的商品，从生产该类商品的企业中挑选出获利水平和经营能力强的企业。当通货膨胀率异常高时，应把保值作为首要因素，如果能购买到保值产品（如黄金开采公司和金银器制造公司等股票），则可避开通货膨胀带来的购买力风险。

■ 避免利率风险

尽量了解企业营运资金中自有成分的比例，利率升高时，会给借款较多的企业或公司造成较大困难，从而殃及股票价格，而利率的升降对那些借款较少、自有资金较多的企业或公司影响不大。因而，利率趋高时，一般要少买或不买借款较多的企业股票，利率波动变化难以捉摸时，应优先购买那些自有资金较多的企业股票，这样就可很好地避免利率风险。

基金投资
必走流程

基金定投
与收益

投资基金
的技能

专业人士带你赚钱——基金

基金是风险比较高的一类理财工具，很多投资者在基金
投资中栽了跟头。因此，开始有投资者不愿意再进行基金理财。
其实，基金理财过程中是有专业人士帮助投资者的，不管是
投资组合的决策还是投资时间等计划，都有专业的基金经理
协助投资者完成，让基金的高风险不再可怕。

8.1 基金投资者必走的流程

> 基金投资者需要先了解基金市场，然后选择感兴趣的或者自认为潜力或前景比较好的基金，接着开户买入基金，投资者可以到银行柜台或金融机构办理，也可以自己在网上开通办理，最后还要计算自己的投资收益。

基金，从广义上来说是指为了某种目的而设立的具有一定数量的资金。主要包括信托投资基金、公积金、保险基金、退休基金和各种基金会的基金。而人们平常所说的基金主要是指证券投资基金。

1. 查看基金市场

查看基金市场，就是观察整个基金市场的行情。如果基金市场的整体行情不好，那么投资基金成功的可能性较小。所以要通过查看基金市场来决定是否投资基金。

投资者可以通过各种炒股软件查看基金市场的行情，根据基金市场中各只基金的 K 线图走势来分析判断市场行情。另外，也可以通过很多著名的金融网站查看与基金有关的消息和数据。下面以和讯网为例，讲解查看基金相关消息和数据的操作。

Step01 进入和讯基金的官网（http://funds.hexun.com/），在页面中可以看到很多关于基金的消息，也可以进行基金投资开户和购买。

Step02 向下浏览页面，可以在左边区域看到很多关于基金的新闻，在右边可以看到基金的热销榜。单击"基金热销榜"栏中的"更多"超链接。

Step03 在打开的页面中可以查看热销基金的具体信息，如基金名称、类型、当年收益率、购买费率以及基金的亮点等。

排名	基金名称	类型	今年来收益	日期	理财客费率
🏆	广发美国房地产指数 (000179)	股票型	9.51%	2016-06-24	1.30%|0.60%

基金亮点：跟踪美国REIT指数，具有现金流稳定、分红率高的特点，实体经济是对抗经济波动时期的最佳投资品，能够起到保值增值的投资需求。

| 🏆 | 诺安不动产 (320017) | 股票型 | 3.41% | 2016-06-24 | 1.50%\|0.60% |

2. 筛选潜力基金的方法

基金适合中长期投资，因此不一定非要选择表现良好的基金，对具有潜力的基金也可以积极持有。那么对于投资者来说，怎样筛选出有潜力的基金是关键。

■ 看基金对应的基金公司

首先看基金是不是由老牌基金公司（如华夏、嘉实、易方达或富国等）操盘的。老牌基金公司在市场上摸爬滚打的时间长，其拥有的操盘经验肯定比新基金公司多。所以，如果基金是在老牌基金公司旗下被操盘，则其潜力值得关注，但投资者不要以为只要是老牌基金公司操盘的基金就是有潜力的基金。

■ 看长线基金品种的累计净值的高低

基金的累计净值是指基金最新净值和成立以来的分红业绩之和，体现了基金从成立以来所获得的累计收益，可以比较直观和全面地反映基金在运作期间的历史表现，结合基金的运作时间，则可以更准确地体现基金的真实业绩水平。累计净值越高，说明该基金的收益越好，潜力越大。

■ 看基金组合的持仓品种是否有潜力

基金组合的实力要看各组成基金的综合实力，一个基金组合里面如果只有一只基金发展较好，其他基金发展堪忧，甚至是没有一只基金被看好的基金组合，其实力可想而知并不强。所以，基金组合中的持仓品种潜力大小决定整个基金组合的潜力。反之，一个基金组合的潜力大，则其组合中的各只基金潜力也不会差。

3. 在网上开户购入基金

传统的基金开户时要到上海证券交易所或深圳证券交易所授权的基金公司开户，完成基金的申购／认购和赎回等操作。但由于经济发展，人们工作生活越来越忙碌，为了便利就会选择在基金公司的官方网站上开立账户。下面以在华夏基金官网上开户购买基金为例，讲解具体的操作。

Step01 进入华夏基金官方网站（http://www.chinaamc.com/），在首页右侧
单击"开户"超链接。

Step02 进入选择银行卡的页面，投资人选择开户银行卡（以后作为基金
投资收益的储存卡，但前提是该卡要开通了网银），这里选中"中国建设
银行"单选按钮。

Step03 进入身份验证页面。投资人根据页面提示填写真实信息，单击"确
认"按钮。

Step04 页面跳转至开户资料填写页面，投资人根据页面提示填写自己的姓名和身份证等信息，设置交易密码，阅读相关协议，单击"提交"按钮。

Step05 系统提示开户成功，单击"立即登录网上交易"按钮即可进入华夏基金官网进行基金的申购/认购。

4. 基金净值与收益的计算

基金净值也称基金单位净值，是指每份基金单位的净资产价值，所以基金净值等于基金总净资产除以基金总份额。基金收益是根据基金净值计算得出，所以计算基金收益之前，需要先计算出基金净值。

一般来说，计算基金收益的公式应该是：

收益 = 赎回当日单位净值 × 份额 ×（1- 赎回费率）+ 红利 - 投资金额 （内扣法）

或者是：收益 = 赎回当日单位净值 × 份额 ×（1- 赎回费率）+ 红利 - 投资金额 （外扣法）

而计算某天每份基金收益的公式可以简单归纳为：

每份基金收益 = 当天基金净值 - 申购时基金净值 - 申购手续费 - 赎回手续费

例如，李先生申购了 A 基金，申购净值为 1 元；杨女士也申购了 A 基金，申购净值为 1.5 元；申购和赎回费率均为 1%，一段时间后的某一天，A 基金的净值为 1.2 元，在这一天他们每份基金的收益为：

李先生每份基金收益 =1.2-1-1×1%-1.2×1%=0.178（元）

杨女士每份基金收益 =1.2-1.5-1.5×1%-1.2×1%=-0.327（元）

因此，李先生在那一天基金收益为 0.178 元，而杨女士在那一天基金亏了 0.327 元。

投资者可不用自己手动计算基金净值和基金投资收益，只需使用一些快捷的网络工具就能快速查询基金净值并计算出基金收益。比如和讯基金网中，可以直接查询各种基金的基金净值和累计净值，如图 8-1 所示。

对比	序号	基金代码	基金简称	2016-06-27		2016-06-24		日涨跌	今年回报	晨星三年评级 2016-06-08	购买状态
				基金净值	累计净值	基金净值	累计净值				
☐	1	502005	易方达军工指数分级B（吧）	1.2249	0.4420	1.1421	0.3592	7.25%	-60.68%	—	暂停
☐	2	502038	大成互联网金融指数B（吧）	1.2580	0.3666	1.1911	0.3471	5.62%	查看	—	暂停
☐	3	502028	鹏华新丝路指数分级B（吧）	0.7080	0.7080	0.6730	0.6730	5.20%		—	开放
☐	4	210009	金鹰核心资源混合（吧）	1.7470	1.8470	1.6610	1.7610	5.18%	-3.43%	★	开放
☐	5	502025	鹏华钢铁指数分级B（吧）	0.6360	0.6360	0.6050	0.6050	5.12%	-34.77%	—	开放

图 8-1　在和讯网中直接查询基金净值

8.2 投资者必须了解的基金知识

> 基金投资者除了要了解基金投资的流程外，还需了解一些基金方面的基础知识和重点知识，比如开放式基金和封闭式基金分别是什么，两者有什么区别，以及什么是基金定投等。这些都是投资者在进行基金投资之前必须了解清楚的问题。

1. 如何区别开放式基金和封闭式基金

从字面意义上看，开放式基金和封闭式基金有着实质性的区别，那么投资者可以通过哪些方面来区分开放式基金和封闭式基金呢？

◆ **存续期限不同**：开放式基金没有固定期限，投资者可随时向基金管理人赎回基金单位；而封闭式基金通常有固定的封闭期，一般为10年或15年。

◆ **规模可变性不同**：开放式基金通常无发行规模限制，投资者可以随时提出认购或赎回申请，基金规模也可随时增加或减少；而封闭式基金在招募说明书中列明其基金规模，发行后在存续期内总额固定，未经法定程序认可不能再增加发行，到期后不想赎回的，需经受益人大会通过并经主管机关同意后才可以适当延长期限。

◆ **基金单位的买卖方式不同**：投资者投资开放式基金时，可随时向基金管理公司或销售机构申购或赎回；而封闭式基金发起设立时，投资者可向基金管理公司或销售机构认购，当封闭式基金上市交易时，投资者又可委托券商在证券交易所按市价买卖。

◆ **基金单位的买卖价格形成方式不同**：开放式基金的买卖价格是以基金单位的资产净值为基础计算的，在基金的买卖费用方面，购买开放式基金需缴纳相关费用（如首次认购费和赎回费）；封闭式基金因在交易所上市，其买卖价格受市场供求关系影响较大。当市场供小于求时，基金单位买卖价格可能高于每份基金单位资产净值，这时投资者拥有的基金资产就会增加；当市场供大于求时，基金价格则可能低于每份基金单位资产净值，则买卖封闭式基金时要在价格之外付出一定比例的证券交易税和手续费。一般而言，买卖封闭式基金的费用要高于开放式基金。

◆ **基金的投资策略不同**：开放式基金必须保留一部分现金，以便投资者随时赎回，而不能尽数用于长期投资，一般投资于变现能力强的资产；而封闭式基金由于不能随时赎回，其募集得到的资金可全部用于投资，这样基金管理公司便可据此制定长期的投资策略，取得长期经营绩效。但两者在回报上没有特别的区别。

◆ **对市场条件的需求不同**：开放式基金的灵活性较大，资金规模伸缩比较容易，所以适用于开放程度较高、规模较大的金融市场；而封闭式基金正好相反，适用于金融制度尚不完善、开放程度较低且规模较小的金融市场。

投资者根据这些不同点就可以区别开放式基金和封闭式基金，然后根据自身的投资需求选择合适的基金做投资。

2. 如何进行基金定投

基金定投是指定期定额投资基金，投资者一般在每月的一个固定日期以固定金额投资到指定的开放式基金中，类似于银行的零存整取。一般来说，进行基金定投可分为五大步骤，如图 8-2 所示。

第一步　确定定投目标

在已知未来将有大额资金需求时，提早以定投方式规划，不但不会造成经济负担，更能让每月的小钱在未来变成大钱。假如10年后需要20万元在退休后安排旅游，那么按年投资回报率12%计算，每月需要定额投资869.43元，这10年以后的20万元就是定投目标。如果有多项理财需求，可找理财专家规划

第二步　确定定投时间

基金定投时间一般指申购时间和定投期限，申购时间是指把每月的某一天作为定投日，具体可根据各人习惯和收入情况而定；定投期限可确定为3年或5年，但最短不低于一年。一般来说，定投时间越长，风险越小，时间越短，风险越大，要降低风险就需要延长投资期限

第三步　确定定投对象

选基金公司时要选择实力强、治理结构好和管理规范的基金公司。选基金类型时，一般定投10年以上的应选指数型基金，这类基金净值波动较大，申购低位筹码的机会多，往往能获得更高的收益；5至10年的选股票型基金；5年以下选混合型基金。也可根据客户的风险承受能力进行选择。股票型基金收益大、风险大，混合型基金次之，债券型基金风险小、收益小。另外，选基金产品时可将基金收益与大盘走势相比较。若某只基金大多数时间的业绩表现都比同期大盘指数好，选这只基金定投的风险和收益都比较理想。还可以借助四星级以上的专业公司进行评判。

第四步　确定定投额度

根据美国理财专家的说法，投资组合风险资产比例等于100减去自己的年龄，如果自己的年龄为60岁，则投资组合风险资产的比例为40%左右，但这一算法并不适合所有年龄段的人。股票型和债券型基金定投的资产可以占家庭风险性投资额的50%~100%。

第五步　确定赎回时间点

投资目的性较强的投资者，很可能会在确定定投时间的时候就确定赎回时间点。赎回时间点的确定受投资收益和风险的影响，想要降低基金投资风险或获得较高收益，则基金赎回时间点比较晚，反之赎回时间点可以早一点。

图 8-2　基金定投五大步骤

投资者做基金投资都希望获得理想的收益，怎样做基金定投可以获得较好的收益呢？

选对定投渠道。一般使用直销渠道，因为申购手续费能享受一定的折扣，而银行等代销渠道的折扣相对更少。

只用闲钱投资。用闲钱投资是避免以后要急用资金，闲钱一般是三五

年内不会使用到的钱，这样投资者在急需资金时就不用考虑这部分资金，让定投资金真正获取高收益。

根据定投目标决定是选前端收费还是后端收费。如果定投时间不够长，比如两三年以内，则选前端收费更划算；5年以上的定投，选择后端收费较划算，因为会免申购和赎回手续费。

牛市要止盈，熊市要懂得坚持。一般来说，熊市可以适当加大定投力度，争取更多份额（但如果是"跌跌"不休的熊市，就要控制仓位，否则越跌加得越多，最后亏得越狠）；牛市就要懂得见好就收，不要因为行情好就一味地追加份额，否则一旦行情变坏，损失会比较严重。

投资者可以自行在网上进行基金定投，无须去银行或金融机构办理业务，这样可以节省很多宝贵的时间。例如，投资者可以到天天基金网中，选择一只想要投资的基金，开户完成后就可进行基金定投。这一过程中，投资者需要绑定一张银行卡，并且每月定期定额向基金定投账户中划钱，从而完成每月的定投任务。另外，投资者可以进行"终止定投""修改定投"和"恢复定投"等操作。

基金定投不用天天盯着大盘看，省时省事省心，还能分摊风险，但是基金定投无法掌控买卖时机，因此很难获得利益的最大化。

8.3 优秀的投资者还具备的几大技能

在做基金投资时，投资者还需要掌握一些细节方面的技巧，比如选择费率较低的平台、知晓基金转换的黄金时间以及规避基金投资风险的方法等。这些技能可以帮助投资者减少投资成本，提高收益，同时降低投资风险。

1．熟悉基金认购．申购和赎回的操作

基金认购和申购都是买入行为，基金赎回为卖出基金的行为。投资者只有熟悉了相关操作，才能顺利完成基金投资。

■ 认购

在基金成立前的发行募集期内申请购买基金单位的行为叫认购，购买价格为基金单位价格。基金认购流程分为开户、认购和确认三大步骤。

（1）个人投资者提供本人身份证件、代销（直销）网点当地城市的本人银行活期存款账户或对应的银行卡以及已经填好的《账户开户申请表》，然后办理开户手续。

（2）个人投资者持本人身份证件、基金账户卡（投资者开户时代销网点或直销网点当场发放）、代销（直销）网点当地城市的本人银行借记卡（卡内要有足够的认购资金）以及已经填好的《银行代销基金认购申请表（个人）》完成认购基金的程序，最后缴款成功即认购成功。

（3）投资者在基金成立后，向各基金销售机构咨询认购结果，并且也可以到各基金销售网点打印成交确认单；此外，基金管理人将在基金成立后按预留地址将《客户信息确认书》和《交易确认书》邮寄给投资者。

投资者如果觉得跑银行或者基金公司很麻烦，可以自己在基金公司的官网上进行认购，省时省力。投资者只需根据系统提示完成开户、绑卡和认购缴费，缴费成功即认购成功，投资者可以在自己的账户中心查看认购情况。

■ 申购

在基金成立后申请购买基金单位的行为叫申购，购买价格为当日基金单位净值。由于申购和认购一样，都是买入基金的行为，所以基本操作流程类似，只是在相关的收费标准上有所区别，故在此处就不一一赘述。

■ 赎回

基金赎回就是卖出手中的基金，主要针对开放式基金。投资者以自己的名义直接或通过代理机构向基金管理公司要求部分或全部退出基金的投资，基金管理公司将买回款汇至该投资者的账户内。

个人投资者如果是到直销点办理赎回基金业务，则需要携带本人或代理人身份证原件（还可以是军人证或护照）和相应基金管理公司的基金账户卡，然后填好《开放式基金赎回申请表》，缴纳一定的赎回费后即可完成赎回。

如果个人投资者在网上自行赎回，则只需填写赎回信息，比如投资人真实姓名、身份证号、赎回份额以及赎回时间等。申请发出后等待系统验证通过，扣除一定的费用即可成功赎回。

2. 知晓基金转换的黄金时间

基金转换是指投资者在持有公司发行的任一开放式基金后，可将其持有的基金份额直接转换成公司管理的其他开放式基金的基金份额，而不需要先赎回已持有的基金单位，再申购目标基金的一种业务模式。

投资者可在任意一个同时代理拟转出基金及转入目标基金销售的销售机构办理基金转换。转换的两只基金必须都是该销售人代理的同一基金管理人管理的或在同一注册登记人处注册的基金。

基金转换与赎回后重新购买，两者最大的不同是转换及时，并且可以节省手续费，即转换的费用远远小于申购费和赎回费。既然基金转换这么有优势，投资者肯定想知道基金转换的黄金时间，这样就能更好地降低转换成本，进而提高基金投资收益。

◆ **根据要转的基金类型确定转换时机**：如果投资者想把基金转换成股票型基金，则需在经济复苏期，股市逐渐向好时转换；若想转换成混合型基金，则需在经济高涨，股市涨至高位时转换；若想转换为债券型基金或货币型基金，则需在利率高涨，经济过热而即将步入衰退期时转换。

◆ **根据证券市场走势确定转换时机**：当股市经过长期下跌后开始中长期回升时，适合将货币型和债券型基金转换为股票型基金，以充分享受股市上涨带来的收益；当股市经过长期上涨开始下跌时，适合将股票型基金转换为货币型或债券型基金，以回避风险。

◆ **根据基金的盈利能力确定转换时机**：如果投资者想要转换的目标基金的投资能力突出，基金净值增长潜力大时就可以考虑将手中表现较差的基金转换为投资能力突出的目标基金。

3．对基金进行组合投资

投资者进行基金组合投资，目的是为了减少风险，同时获取理想的收益。但基金的组合并不是随随便便几只基金一起投资就叫基金组合投资，因为基金组合要同时兼顾投资收益和风险问题，因此，投资者在进行基金组合时一般需要遵循一定的原则。

原则一：根据风险偏好决定基金组合基本配置方向。所谓的配置方向是指积极型投资者偏股型基金配置比例不超过70%，稳健型投资者偏股型基金配置比例在50%以下，而保守型投资者应把配置重点放在稳健的债券型和货币型基金上。

原则二：根据投资目标决定组合的进攻性。投资者在明确自己挑选的基金个性后，就要根据自身的投资目标决定组合投资的进攻性。比如轻仓且投资期限较长的投资者，可以在股市底部区域附近逐步增加偏股型基金仓位，更多地关注进攻性；而重仓投资者需要借助反弹把组合中长期表现不佳或熊市下投资能力欠缺的基金调出组合，主要注重防守性。另外，风险敏感的投资者也要更多地关注组合投资的防守性。

原则三：要了解基金经理人的投资个性。充分了解基金经理人的投资个性，这样可以在经理人做出基金组合投资计划时判断其计划是否准确，是否存在较大的投资风险。因为有些基金经理人善于择时，防御性更强；有些基金经理人善于择股，进攻性更强。

了解了基金组合投资的相关原则后，投资者具体要怎么进行基金组合投资呢？大致步骤如图 8-3 所示。

第一步　　控制组合基金中基金的数量
普通投资者每天都要上班，没有足够的时间和精力，如果选择的基金数量过多，有可能不能及时关注基金信息。所以，如果手头资金不太多或者没有太多时间关注基金的投资者，最好将组合基金的数量控制在5只以内

第二步　　决定基金组合配置方向
不同的投资者其风险偏好不同，市场上的基金一般是股票型、债券型和货币型。如果是积极型投资者，可将配置方向设置为偏股型基金组合，即偏股型基金配置比例为50%～70%；若是稳健型投资者，则可将偏股型基金配置比例控制在30%~50%；若是保守型投资者，则主要投资债券型或货币型基金

第三步　　挑选偏股型基金
投资者根据基金组合投资的攻守性挑选偏股型基金，基金投资组合要表现为在牛市和熊市两种市场形势下的平衡投资能力。选择的偏股型基金要在证券市场处于牛市时有好的收益，也要在熊市时有较低的投资风险。满足两种情况的偏股型基金组合可以更好地适应市场的变化

第四步　　适时调整配置比例
市场风险是不可控的，投资者并不能准确预测未来的投资风险，因此基金组合的各基金配置比例需要随着市场的趋势进行不断的调整，以期降低风险获得预期收益。比如证券市场行情不好时，将偏股型基金配置比例降低；反之，将比例调高

图 8-3　基金组合投资的大致步骤

总的来说，投资者进行基金组合投资时，需要明确自己的风险偏好性、风险承受力和期望收益率，然后在风险和收益之间找到平衡点，进行科学的、有规划的投资。

4. 评估基金经理人的综合能力

目前市场上，投资者一般都不是自己进行基金投资，而是有一个基金经理人帮助自己进行基金投资。就以往的投资经验和成果来看，基金经理人的综合能力直接影响基金投资的收益高低，甚至是投资成败。所以，投资者在选择基金经理人时，要评估基金经理人的综合能力，保证自己的投资能够成功，获得理想的预期收益。那么投资者需要怎样评估基金经理人的综合能力呢？

最简单直接的办法就是面对面交流，在交流的过程中投资者评估基金经理人的业务能力和职业操守。

◆ **看经理人是否对所有客户都一视同仁**：经理人不偏向任何人，按照正常的经理人该做的事，帮助客户完成基金投资。这是对基金经理人的职业操守的评估。

◆ **看基本面研究的功夫是否扎实**：基本面涉及基金的背景，能够将基本面研究清楚甚至研究透彻的经理人，可以更准确地为投资者配置基金组合。

◆ **评估以往的业绩**：经理人以往的业绩可以从一定程度上反映其投资理财的能力。比如经理人的以往客户的投资收益情况、投资回报以及投资成功的案例。

◆ **了解经理人投资是否具有强制性**：有些基金经理人为了达到自己制订的基金投资计划目标，会强制投资者全额投资或者是减少计划投资资金数额。这样的经理人不顾投资者的利益，是不能被选择的。

◆ **确认经理人有风险规避和防范意识**：经理人有足够的风险规避和防范意识，则基金投资失败的概率就小，也说明经理人有较好的风险规避能力。

◆ **看经理人的表达能力**：仔细听经理人说的话和分析的内容，是否能听明白，如果能，说明该经理人的表达能力还不错。

◆ **看眼光是否长远，行事是否果断**：眼光长远、行事果断的经理人，可以帮助投资者更准确地抓住投资机会，并且获得较高的收益。

◆ **看经理人的身体素质**：因为经理人需要帮助投资者时刻关注所投基金的动向，因此需要经理人有良好的身体素质，否则一旦在投资中途因为经理人身体原因而中断了经理人的业务，投资者又需要委托另外的经理人进行基金管理。这样不仅浪费时间，而且存在信息不对称的风险。

不同的投资者对经理人能力的评估有不同的标准，除了上述一些常见的判断标准外，投资者自己如果还有评估经理人综合能力的办法，也可以用来评估经理人的能力。

5. 规避基金投资风险

任何投资行为都需要采取规避风险的措施，否则一旦遇到投资风险，如果没有采取规避措施，则投资者很可能面临严重的经济损失风险。基金投资是一种高风险投资，虽然有专业的经理人帮助投资者进行理财，但还是不能完全忽视规避风险的方法。

基金投资过程中，会遇到的风险无非是系统风险和非系统风险。系统风险包括政策风险、经济周期风险、利率风险、通货膨胀风险和流动性风险；而非系统风险主要包括上市公司经营风险、操作风险、技术风险、基金未知价风险、管理和运作风险以及信用风险。这些风险只能规避或降低，不能彻底消除。基金投资规避风险有三大方面，包括入市谨慎、涉市冷静和退市果断。

■ 入市谨慎

投资者应事先进行宏观和微观相结合的理性分析与事前规划，有效识别风险。要客观分析国家政策导向和行业发展形势，充分意识到未来年份可能存在的政策与环境风险，因为往年收益率好的基金公司并不代表以后年份的投资效益一直都好。还应了解基金公司管理层的专业结构和公司成长背景，从中观察基金公司的管理素质和投资战略是否值得期待，千万不可盲目购入自己不了解的基金。另外，投资者应根据自身理财需求事先做好中长期规划，合理预测风险承受能力，合理配置个人财务资源，理性选择基金投资产品。

■ 涉市冷静

首先，要合理配置互补型的基金投资组合，有效化解投资风险；其次，要注意及时调整转换基金投资对象，保持整体收益的稳定性；最后，投资者要对持有的基金保持信心和耐心，坚持长期稳健的价值投资理念。尤其是投资开放式基金应以长期投资为主，在市场有形势变化时要保持清醒的头脑，不要被短暂的利益迷惑，导致不必要的损失。

■ 退市果断

投资者应进行整体形势判断，主动摆脱风险，一旦基金净值开始下跌，投资者就需要根据具体情况选择赎回时机。比如基金净值下跌是短暂的，则可考虑继续持有；但如果下跌是长期的，并且没有改善的迹象，则投资者需要果断卖出基金。

.09
. PART.

対号入座
挑选保险

选购保险
的绝招

保险理赔
注意事项

社保卡
功能运用

收益与平安双赢的理财——保险

很多人对保险的认识就是"烧钱"，认为买保险就是让钱打水漂。但随着理财型保险的出现，购买保险不仅能保人平安，还能实现理财收益。因此很多投资者转向保险投资理财，但都并不擅长。投资者到底怎么样选择保险？遇到理赔时要注意什么？社保卡又可以怎么运用才能达到理财目的呢？

9.1 挑选保险也要对号入座

> 不同的人，需要的保险不同。为了让保险发挥实质性的
> 作用，投资者在挑选保险时一定要对号入座，什么人适合什
> 么样的保险，什么年龄阶段的人适合哪种保险，这样保险的
> 理财目标才能准确实现。

1．保守理财选分红险

分红险指保险公司在每个会计年度结束后，将上一会计年度该类分红
保险的可分配盈余按一定的比例以现金红利或增值红利的方式分配给客户
的一种人寿保险。在中国保监会目前的统计口径中，分红寿险、分红养老
险、分红两全险及其他有分红功能的险种都被列入分红险范围。

分红保险的红利来源于死差益、利差益和费差益所产生的可分配盈
余。死差益指保险公司实际风险发生率低于预计风险发生率，即实际死亡
人数比预定死亡人数少时所产生的盈余。利差益指保险公司实际的投资收
益高于预计的投资收益所产生的盈余。费差益指保险公司实际营运管理费
用低于预计营运管理费用所产生的盈余。这种利差、费差和死差参与红利
分配的方法，称为美式分红法。

而保额分红则属于"英式分红"，是以保额为基础进行分红，将当期
红利增加到保单的现有保额之上。此种分红方式更能突出保险产品特有的
投资与保障特性，使投保人在保障期内无须核保和申请增加保额，便可满
足其不断增长的保障需求，在一定程度上可以缓解因通货膨胀可能导致的

保障贬值。

中国保监会规定保险公司每年至少应将分红保险可分配盈余的 70% 分配给客户。目前，国内大多数保险公司采取现金红利的方式将盈利直接以现金的形式分配给保单持有人。由此可知，当保险公司没有盈余时，买分红险的人无法获得红利，即此时分红险没有投资收益。

分红险体现了客户利益与保险公司利益捆绑在一起的特点，一荣俱荣，一损俱损。因此，保险公司为了自己的利润，必然会尽力保证客户资产的保值增值。所以，分红险亏本的可能性很小，比较适合保守型的投资理财人。

分红险的主要投资渠道为国债、存款、基金和大型基础设施建设，与投连险等投资型保险产品有所不同。

2. 中长期理财计划选择万能险

万能险是一种寿险，说它"万能"，主要表现在交费灵活、保额可调整和保单价值领取方便等方面。万能险可以缓交或停交保费，过了 3 年或 5 年后还能继续补交保费，另外还能一次或多次追加保费。万能险的保单价值金额可以作为子女的教育金、婚嫁金或创业金，也可用作自己或家庭其他成员的医疗储备金和养老储备金等。

万能险除了同传统寿险一样给予生命保障外，还可让客户直接参与由保险公司为投保人建立的投资账户内的投资活动，将保单的价值与投资账户资金的业绩联系起来。大部分保费用来购买由保险公司设立的投资账户单位，投资专家负责账户内资金的调动和投资决策，将客户的资金投入到各种投资工具上。

一般来说，保险公司所公布的万能险收益（一般每月公布一次）只包括投保者所缴保费中的投资部分，而不是整体缴纳费用。除了保障费用，还要扣除的费用包括初始费用、风险保险费、保单管理费、贷款账户管理费和附加险保险费，有的公司还要收取部分领取手续费和退保手续费。因此，短期内万能险的整体收益不会高。所以，为了获取高收益，万能险适合中长期的投资理财计划。

万能险是风险与保障并存，介于分红险与投连险间的一种投资型寿险。投资者投保万能险，缴纳的费用一部分用来保险，另一部分用来投资。投资部分的钱可由投资者自行决定是否转换为保险，转换时会伴随缴费方式、缴费期间和保险金额等的调整。

在国外，万能险投资部分的风险由投保人自己承担。而在国内，万能险一般会给定一个最低保证收益率，投资者可以将最低保证收益率和银行活期存款利率做一个权衡比较，最终决定是否投保万能险。

万能险分两种，重保障型和重投资型。重保障型的保险金额高，前期扣费高，投资账户资金少，所以前期退保的话损失会很大。而重投资型的保险金额低，前期扣费少，投资账户资金多，退保损失较小。因此，整体来说，万能险不适合做短期理财投资。

3. 投资连结险，长期理财收益可观

投资连结险简称投连险，其正式名字叫"变额寿险"。也就是说，其身故保险金和现金价值是可变的，是一种新的终身寿险产品。其保障主要体现在被保险人保险期间意外身故时会获取保险公司支付的身故保障金，此外，通过投连附加险的形式也可使客户获得重大疾病等其他方面的保障。而投资方面，保险公司使用投保人支付的保费进行投资，获得收益，将收益分给投保人。

投连险的费用主要包括初始保费、风险保险费、账户转换费、投资单位买卖差价、资产管理费、部分支取和退保手续费等，根据产品的不同，这些费用的收取也有差异，一般前期费用较高，适合长线理财规划。

投连险更强调客户资金的投资功能，为了减少投资过程中不必要的费用，投保人最好不要提前退保，因为这样就可能产生一些手续费或者管理费。根据投连险精算规定，投连险退保费率在保单年度前 5 年依次递减，分别为保费的 10%、8%、6%、4%、2%，在第 6 年以后退保费率才归零。所以投资者在投保还没拿到过收益时就退保，这种做法会增加投资成本，降低投资理财收益。

4．专为儿童设计的儿童险

儿童险用于解决孩子成长过程中所需要的教育、创业和婚假费用，以及应付孩子可能面临的疾病、伤残或死亡等风险。

儿童险主要分为教育型儿童险和保障型儿童险，具体有儿童意外伤害险、儿童健康医疗险、儿童教育储蓄险和儿童投资理财险等。

■ 儿童意外伤害险

针对 18 岁以下儿童，在遭受意外时所产生的高额医疗花费，以及意外致残、致死的人身保障。因此，父母可酌情为孩子购买意外类险种，一旦孩子发生意外可得到一定的经济赔偿。这类保险一般属于消费型险种，一年仅需要几百元，各保险公司都有推出。其特点就是保费便宜、保障高但无返还。适用家庭为基础购买，只保意外伤害。但买了儿童意外伤害险并不代表从此就不用担心孩子的安全问题，而是孩子在发生意外事故后，可以得到一定的经济帮助和赔偿。例如平安保险旗下的"家有儿女少儿意外保险"。

■ 儿童健康医疗险

利用保险分担孩子的医疗费支出也是一种保险理财思维。常见的儿童疾病主要是呼吸道和消化道疾病，动辄就住院。因此在考虑购买险种时，可购买附加住院医疗险和住院津贴险，万一孩子生病住院，大部分医疗费用就可报销，并且每天可获得一定金额的住院补贴。每个保险公司的保险合同在报销和补贴方面的规定都不同，投保者在查看不同保险公司的详细赔付合同后需要自行选择。

该险种的特点是保费便宜保障高，但是没有返还。适用家庭为基础购买，尤其是孩子体质较弱的家庭。另外，重大疾病险投保年龄越小保费越便宜。例如平安保险旗下的"平安康佑英才少儿重大疾病保障"和"少儿重大疾病保险"。

■ 儿童教育储蓄险

儿童教育储蓄险主要解决孩子未来上学或出国留学的学费问题，以购买保险的形式为孩子筹措教育费用。购买保险后需要按时向保险公司缴费，作为一种强制性储蓄，可保障孩子日后的费用使用。而一旦父母发生意外，如果购买了可豁免保费的保险产品，孩子不仅免交保费，还可获得保险公司提供的生活补贴，所以此类保险是以储蓄和保障为主。

该险种的特点是定期定额缴费，存多返还多，储蓄外有保障。适用家庭为目标明确的中长期教育储备的家庭。比如"平安智能星教育金保险计划"。

■ 儿童投资理财保险

这类保险一般是投资连结险，通常是孩子在成年前，父母为投保人，为孩子筹措日后的教育留学费用和创业启动资金等；孩子成年后，自己将成为投保人，筹措补充养老、医疗和旅游基金等。该险种的保费自由，保额自主，随时支取，保障外有收益，但保费较高，所以适用于有一定经济基础的家庭。

5．养老险，让你老有所依

养老险的目的是为保障老年人的基本生活需求，为老年人提供稳定可靠的生活来源。一般的养老险为大众熟知的基本养老保险，还有一种商业养老保险。

基本养老保险是国家立法强制实行的险种，企业单位和个人都必须参加。符合养老条件的人，可向社会保险部门申请领取养老金。这种养老险的保险费用一般由国家、单位和个人共同负担。对于没有工作单位的个人或者单位没有购买养老险的，需要自己全部缴纳保费。

而商业养老保险通常是指在保险公司购买的养老险，每个保险公司有其自己特有的养老险品种，下面以平安保险为例，看看商业养老险的情况。

Step01 进入"中国平安"官网首页（http://www.pingan.com/），将鼠标光标移动到"保险"选项处，单击"养老理财"超链接。

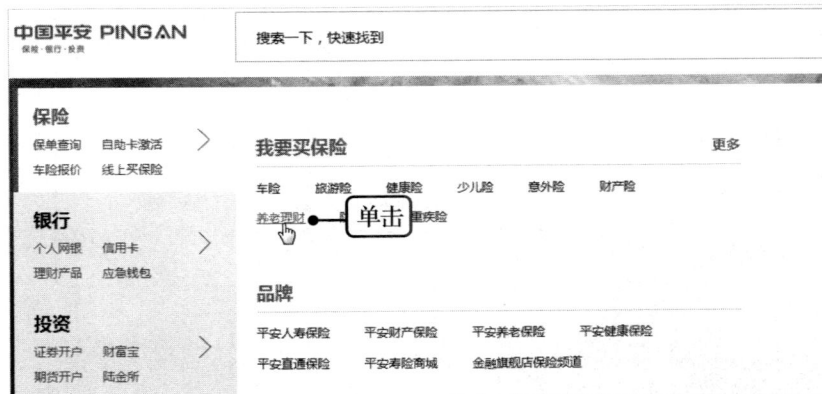

Step02 在打开的页面中即可查看到不同类型的养老理财保险，选择一款感兴趣的保险，单击其名称或者右侧的"查看详情"按钮，即可进入该保险的详情页面。

Step03 在新页面中即可查看该保险的适用人群、保险期限、保单形式、保单价格和投保理赔流程等，甚至还有理赔案例和常见问题的解答。单击"立即报价"按钮。

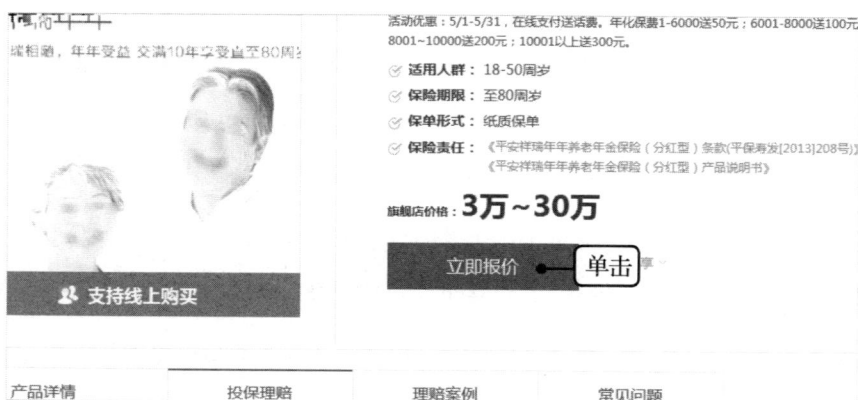

Step04 在打开的页面中设置被保险人的出生日期、性别、保障金额以及交费方式等，再输入手机号码，单击"立即投保即可获得价值300元奖励"按钮。

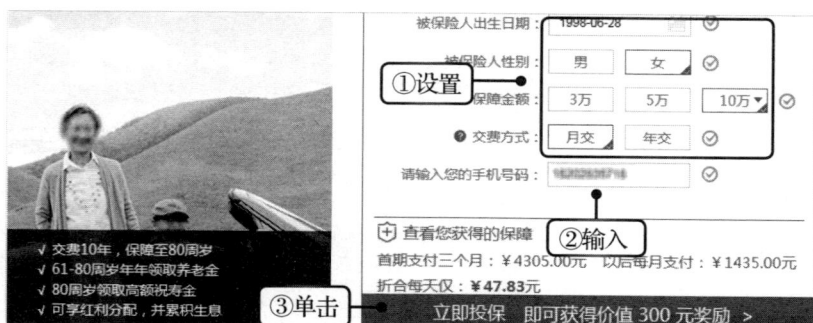

Step05 之后完成相关费用的支付，即可成功购买保险。

【提示注意】

意外险是一种很大的险种，不仅小孩需要购买，成年人也需要购买。因为意外是无法预料的，并且意外伤害的程度也是无法控制的。为了给家庭生活撑起一把保护伞，几乎所有的家庭成员都需要购买意外险，这样能够保证在发生意外时有及时的赔偿，解决经济困难。

9.2 选购保险理财产品的绝招

选择保险理财产品时，投保人（投资者）需要掌握一定的投资技巧，这样可以防止保险成为生活的累赘。比如选好保险代理人可提高投保收益可能性，货比三家可降低投保成本，使用绝招可降低退保损失，以及识别投保风险减少损失等。

1．选择保险代理人

通常情况下，保险代理人的佣金都比较高，导致很多人误认为保险公司是一个骗钱的组织。其实细想，如果投保人买了一份终身健康险，代理人将为投保人服务一辈子，不论是保单信息变更还是理赔事项，保险代理人都要全力服务。这样看来，代理人的佣金还是按劳分配的，并且也能看出代理人在保险投资理财活动中的重要地位，所以选择好的代理人很重要。

◆ **代理人需要有保险代理人资格**：保险代理人资格的评判标准为是否拥有代理人资格证书和展业证，有了这两张证书才算是规范的保险代理人，如图 9-1 所示。

图 9-1　保险销售从业人员资格证书（左）和展业证（右）

◆ **要有专业技能**：很多买过保险的人都觉得保单很难看懂，更别说对于从来没投过保的人，那简直就是天书。代理人的另外一个作用就是，将复杂的保单信息简单化，直接告诉投保人保单的核心内容。如果代理人让投保人越来越迷糊，则证明其自己都没弄明白，这样的代理人不要选。

◆ **看代理人的诚信**：买保险买的是一份保障，但同时也是一种虚拟的物品。投保人和代理人之间需要建立足够的诚信，代理人能将免责条款和理赔范围说清楚的，证明其真正为投保人着想，可以让投保人避免日后产生纠纷。

◆ **选择有良好服务精神的代理人**：保单服务需要提醒客户按期缴纳保费、推荐新产品和协助理赔等。另外还有生活服务，比如客户生日发祝福短信或送点健康类别的报纸，事情虽小，东西也廉价，但充分体现了一份心意。

◆ **从业时间要长**：保险公司的业务员流动性很大，真正能够留下的几乎都是精英，选择从事保险行业 3 年以上的业务员，其基本业务技能成熟，不至于一问三不知，也能更好地为投保人做好保单服务，投保人自己也更省心、更安心。

◆ **要有敬业精神**：要做好各项服务，敬业精神不可少，判断是否敬业可以看代理人花费多少时间在为客户服务上。例如，投保人可以试着周末找代理人，看他是否能够耐心服务。

【提示注意】

不同的保险公司，针对同一品种的保险有不同的价格和费用收取标准。投保人可以对比这些价格和收费情况，选择一家自己觉得经济实惠的保险公司进行保险理财。

2．将退保的损失降到最低

根据投保人退保的时间段可以将退保分为两种情况，一种是在犹豫期退保，另一种是过了犹豫期退保。在犹豫期内退保的，保险公司会返还给投保人所有保费，而投保人只需支付小额的手续费即可。

一旦过了犹豫期退保，投保人将不能拿到所有保费，一般都会损失投保本金。一般来说，保险公司都是按照保单的现金价值退还实际费用。这时投保人要怎么做才能将退保损失降到最低呢？

首先，查看合同中是否有"减额交清"的功能，如果有就办理减额交清。

【提示注意】

减额交清是在投保人失去交费能力的情况时可以采取的措施，简称"减保"。它指在本合同具有现金价值的情况下，投保人可按本合同当时的现金价值，在扣除欠交的保险费、借款及利息后的余额，作为一次交清的全部保险费，以相同的合同条件减少保险金额，本合同继续有效。

然后变更缴费方式或更换险种，如将年缴变更为月缴、季缴或半年缴，或者将高费率险转换为低费率的高保障险。

最后可申请保单贷款，从保险公司取得周转资金暂付保费。由此可看出，投资者能不退保就不退保，因为退保必然会面临资金损失，而且合同中一般都有严格的规范，能降低退保损失的措施少之又少，投保人只能从减少保额或更换险种等方面减轻退保风险。

3．慧眼识别保险理财的陷阱

很多人都觉得保险理财并不"保险"，原因就是保险理财存在很多陷阱，而投资理财人很多时候不知不觉走进了陷阱，导致经济损失，所以觉得保险就是骗钱的玩意儿。那么理财人要避免自己掉进陷阱，就得认识保险理财有哪些陷阱。

（1）投资收益被夸大。因为保险代理人根据保单获取佣金，所以有些代理人为了短期利益不惜夸大保险收益率。比如分红险，一般根据保监会规定有低、中、高3种结算利率，低档结算利率代表保证收益，这3种情况原本都应该进行演示，但代理人为了提高银保产品的吸引力，只提供高结算利率下的利益演示。

（2）免责条款被刻意隐瞒。很多保险公司拟定的保险合同中都载明了免责条款，但保险代理人为了减少公司以后可能面临的赔付问题，在为投保人服务时不解释合同中的免责条款。等到投保人利益受到损害向保险公司申请理赔时，保险代理人以投保人自己不看合同为由拒绝赔付。

（3）保险合同如"天书"。有些保险公司的保险产品运用了很多专业术语，老百姓根本看不懂，这就给有意制造陷阱的人可乘之机。最常见的就是法律术语和医疗术语，这两种知识都很严谨，语言通常容易让别有用心的人钻空子。所以投保人看不懂时要及时询问专业人士。

（4）存款变保单。一些银保人员利用消费者信赖银行的心理，谎称某种保险是该银行的理财产品，误导消费者购买。最终存款变成保单，退保就要损失巨额费用。

（5）咬文嚼字推卸责任。一份保单能生出多种理解，合同上的规定与投保人的理解很可能差距较大，如果不问清楚，最终保险公司代理人会以"保单上的意思与投保人遇到的情况不符"而推卸责任，拒绝赔付。

（6）车险理赔中的"高保低赔"。有些保险公司在为投保人进行车辆保险理赔时，赔付标准为以车辆出事前的实际价值为依据赔付保险金，并不会以当初车辆的价值进行赔付。但其实投保人投保时是以车辆当初价值为标准缴纳保费，投保人就要承受"高保低赔"带来的经济损失。

（7）中途断缴，保险失效。很多保险理财产品需要在存续期间内持续缴纳费用，若超过一段时间未缴，则保单失效。有的投资者买了一款保险理财产品，以为只要一次性缴纳一笔资金即可，代理人也未提醒及时续保，到期提取时才发现保单早已失效，损失惨重。

（8）提前退保手续费高。保险理财产品的期限普遍偏长，若要提前支取，需要支付高昂的手续费，不仅拿不到收益，本金都有可能倒贴进去。代理人只告知一年可以取出，但并未告知一年取出要付大笔手续费，即所谓的退保费。有的保险产品甚至不允许退保，投保人只能等到数年后取出投保资金。

（9）年化收益率和总收益混淆视听。有些保险理财产品的宣传信息上声称收益率为10%，投资期为3年。实际上10%并不是年化收益率，而是3年总共收益率，实际年化收益率不到5%。若投保人不主动询问，代理人很可能不会主动告知，最终误解产生，纠纷不断。

（10）被保险人陷阱。有些投保人投保的被保险人是别人，但由于代理人没有及时提醒，或者故意不提醒，导致投保人发现被保险人不对而要更换被保险人时，无法更改，或者更改麻烦，手续费高。投保人也会因此遭受到不必要的经济损失。

9.3 保险理赔，你需要注意哪些

保险理赔是保险理财中至关重要的环节，理赔做好了，购买保险才能达到理财的目的。所以进行保险理赔时，需要注意很多理赔的细节。

1. 保户的理赔方式有哪些

保险理赔是指在保险标的发生保险事故而使被保险人财产受到损失或人身生命受到损害时，或保单约定的其他保险事故出现而需要给付保险金时，保险公司需要根据合同规定履行理赔承诺。

投保人申请理赔，保险公司向保户理赔有两种方式：赔偿和给付。两者实质性的区别就是，赔偿的损失是可以用价值估量的；而给付的对象，其损失是不能用金钱衡量的。

赔偿与财产保险对应，指保险公司根据保险财产出险时的受损情况，在保险额的基础上对被保险人的损失进行的赔偿。保险赔偿是补偿性质，即它只对实际损失的部分进行赔偿，最多与受损财产的价值相当，而永远不会多于其受损价值。

给付一般与人身保险对应，以人的生命或身体作为保险标的，人身保险出险而使生命或身体受到的损害是不能用金钱衡量的。所以在出险时，保险公司只会根据保单约定的额度对被保险人或受益人给付保险金。

2．理赔的时效是多久

保险理赔必须在理赔时效内提出，在有效理赔时效内，被保险人或受益人不向保险公司索赔，不提供必要单证或不领取保险金的话，保险公司将视投保人放弃索赔的权利。对于投保人或受益人来说，在理赔时效内却没有及时进行理赔的话，损失会很大，因此，了解理赔时效是必不可少的事情。

不同的险种有不同的理赔时效，寿险的理赔时效一般为 5 年，财产保险和车辆保险等其他保险的理赔时效一般为两年。

索赔时效应当从被保险人或受益人知道保险事故发生之日算起。保险事故发生后，投保人、保险人（代理人）或受益人首先要立即止险报案，然后提出索赔请求。

保户提出索赔要求后，保险公司如果认为投保人需补交有关证明和资料，应及时通知投保人；投保人的材料齐全后，保险公司应及时做出核定，情形复杂的，应在 30 天内做出核定，并将核定结果书面通知投保人；对属于保险责任的，保险公司在赔付协议达成后 10 天内支付赔款；对不属于保险责任的，应该自做出核定之日起 3 天内发出拒赔通知书并说明理由。保险理赔审核时间不应超过 30 日，除非合同另有约定。

3．理赔流程是怎样的

保险一般有特定的理赔流程，走完这些流程，投保人才能成功完成理赔，最终获得赔偿金或者保险金。

第一步，投保人出险报案。如果是车辆险，投保人需要在事故发生后第一时间通知保险公司或自己的保险代理人；如果是其他重大疾病需要理赔的，也需要第一时间通知保险公司或代理人。

第二步，保险公司受理投保人的报案。保险公司或者报案人员的保险代理人要在接到投保人报案的第一时间受理业务。

第三步，若是车辆险，保险公司需要派专员到现场勘查，确定是否为保险责任事故；若是重大疾病等医疗问题，则需要通知投保人或者受益人到医院开具相关的疾病证明，同时保险公司核定该疾病是否在理赔范围内。

第四步，进行损失核定。确认为保险公司责任后，保险公司和代理人要核定事故的损失或者人身损害程度，并将核定结果通知投保人或受益人。

第五步，审核索赔资料，履行赔付义务。投保人或受益人在收到损失核定结果后，提供索赔资料，保险公司核定索赔资料属实后，按照保险合同的相关约定及时履行赔付义务。

4．保户需要出具哪些理赔资料

投保人在索赔时应提供的单证主要包括：保险单或保险凭证的正本、已缴纳保险费的凭证、能证明保险标的或当事人身份的原始文本、索赔清单、出险检验证明和其他根据保险合同规定应当提供的文件。

不同的保单都需要提供主要单证，除此之外，还需要提供各自不同的证明材料。

因机动车道路交通事故而产生索赔的，投保人应提供由公安交通管理部门出具的机动车道路交通事故责任认定书、被保险标的车的有效行驶证和驾驶人的有效驾驶证。若涉及第三者伤亡的，要提供第三者的户籍材料、因治疗此次交通事故伤残的医药费发票、病历、出院小结、每日用药清单、由司法鉴定机构出具的合法伤残鉴定报告以及补贴费用收据等；第三者死亡的还需提供尸体火化证明和销户证明，若当场死亡，需提供法医尸体鉴定报告；若经抢救或医治无效后死亡的，除了抢救、医治期间发生的医药费用发票及清单需要提供外，还需提供由医院出具的死亡证明；若涉及第三者的财产损失或本车所载货物损失的，应提供财产损失清单、发票及支出其他费用的发票或单据等。

因重大疾病而产生索赔的，需提供保单复印件、索赔申请书、疾病诊断证明、医疗病历、经济赔偿凭证、医疗费、住院费和手术费等收据。

因发生火灾而产生索赔的，应提供公安消防部门出具的证明文件。由于保险范围内的火灾具有特定性质——失去控制的异常性燃烧造成经济损失的才为火灾，所以公安消防部门的证明文件应当说明此灾害是火灾。

因发生暴风、暴雨、雷击、雪灾或雹灾而产生索赔的，应由气象部门出具证明。构成保险人承担保险责任的这些灾害应当达到一定的严重程度。例如，暴风要达到 17.2 米 / 秒以上的风速，暴雨则应该是降水量在每小时 16mm 以上，12 小时 30mm 以上，24 小时 50mm 以上。

因发生爆炸事故而索赔的，一般应由劳动部门出具证明文件。因发生盗窃案件而索赔的，应由公安机关出具证明，该证明文件应当证明盗窃发生的时间、地点、失窃财产的种类和数额等。

9.4 保险理赔的实战案例

很多人单纯从理论上来认识保险理赔都会很茫然，很可能知道理论上应该怎么做，但在真实的案例中，或者自己亲身经历了出险事故时，就会乱了手脚，导致保险理赔过程不顺畅，最后遭受不必要的经济损失。

1. 车险理赔最常见，有车没车都得学

随着人们生活水平的提高，越来越多的人拥有了自己的私家车。在有限的土地上，车辆数量不断增加，车辆事故也会增加，车险理赔成了最常见的保险理赔业务。因此，有车的需要掌握车险理赔，没车的以后也会有车，所以也需要了解。下面以具体的车险理赔案例为例，讲解车险理赔具体的做法。

2015年8月，新手车主张女士某天开车外出，由于驾驶经验不足，再加上当天下大雨路面湿滑，在转弯处不小心与前车追尾，造成前车尾部有轻微的刮痕，幸好当时张女士的车速比较慢，没有人员受伤。

在此之前，张女士并没有任何车险理赔经验，但从很多开车的朋友处听过关于车险的理赔事情，所以买车以后就为自己的爱车购买了相应的保险，如交强险、车船使用税、第三者责任险以及车损险等。

所以，当车辆出险后，张女士立即报警，并且向自己的保险代理人打了电话。经交警鉴定，张女士要对这起车险负全部责任。20分钟后，代理人所在的保险公司派出的专员也到达事故地点勘查。经过勘查，保险公司的人告知张女士，这种情况符合公司的车险赔付要求。

因为无人受伤，且车险双方没有异议，定损员就以当前市场中4S店的标准核定了赔偿金额。而张女士根据代理人的指导，当天就到保险公司完成了理赔资料的填写和提交，包括身份证、银行卡、驾驶证、行驶证、保险合同以及保费交纳收据等基本材料。两天后，张女士便收到了保险公司支付的赔偿金。

这是比较理想的车险理赔过程，有时车辆出险遇到蛮不讲理的当事人，采用各种说法想要讹诈高额的赔偿金，此时投保人不需要按照对方的要求进行赔付，一切交给自己的保险代理人负责，这样投保人不容易吃亏。

2．生活中的寿险理赔

寿险即人寿保险，是一种以人的生死为保险对象的保险。被保险人在保险责任期内生存或死亡，由保险人根据契约规定给付保险金。寿险理赔和车险理赔一样，会有很多复杂的不确定因素影响理赔程序的细节处理。下面来看一个具体的实例，了解寿险的理赔。

2013年1月，林某和他的妻子都在某保险公司购买了一份万能险（终身寿险的一种），其中包含了重大疾病险和意外伤害保障险。为的就是防止哪天突然生了重疾或发生意外，人死亡了，家人还有基本的生活保障。

不幸的事还是发生了，2015年4月，林某被检查出鼻咽癌，开始在当地的一家医院进行化疗。由于癌细胞已经转移到肝和肺等全身多个部位，半年多后的2016年2月初，因治疗无效在家中身故。

半个月后，林某的妻子向之前投保的保险公司申请寿险理赔，保险公司也派调查人员前往相关医院调取被保险人的住院病历，确认了被保险人患病身故的事实。

保险代理人告知了林某的妻子需要提交的理赔资料，并让其尽快提交到保险公司。两天后，林某的妻子将相关资料交到保险公司，公司理赔人员按照流程迅速完成了理赔事项的处理，给付林某妻子合同中约定的身故保险金以及保单红利。

由于保险公司处理事情的速度快，效率高，因此，当理赔人员将理赔通知书送到林某妻子手中时，林某的妻子表示，以后还会为家人购买该保险公司的寿险来保护家人的利益。

由于重大疾病身故要进行寿险理赔的，投保人需要保管好被保险人的病历和各项费用票据，这些都是寿险理赔中不可或缺的证据。一旦弄丢，如果遇到不负责任的保险公司，想要获得寿险理赔的保险金就会困难重重。

9.5 关于社保卡，你必知的功能

> 社保卡是中华人民共和国社会保障卡的简称，由人力资源和社会保障部统一规划，并由各地人力资源和社会保障部门面向社会发行，用于人力资源和社会保障各项业务领域的集成电路（IC）卡。那么社保卡究竟有哪些功能呢？

1．查询个人社保缴费情况

持卡人可以利用社保卡查询个人社保的缴费情况，查询途径有 4 种：一是可以拨打社保卡服务热线，一般在社保卡的背面有服务热线；二是到社保卡服务点查询；三是到定点医疗机构的社保卡自助终端机上查询；四是到社保卡服务网站上查询。

如果只是查询个人社保缴费情况，没有别的重要的事情需要办理，则持卡人可以直接在社保卡的服务网站上查询，这样节省时间，而且方便。持卡人只需进入当地的人力资源和社会保障局官网（如成都市人力资源和社会保障局的网址为 http://www.cdhrss.gov.cn/），输入自己的社保卡编号和登录密码，登录成功后即可查看社保的缴费情况。

2．享受公积金贷款

公积金贷款指缴存住房公积金的职工享受的贷款。国家规定，凡是缴存公积金的职工均可按公积金贷款的相关规定申请个人住房公积金贷款。在缴纳了一定额度的住房公积金后，自然可以享受公积金贷款。但是想要享受公积金贷款功能，持卡人必须提出公积金贷款申请，然后要经过审核，审核通过后还要缴纳担保服务费，最后才能切实享受到公积金贷款功能带来的福利。具体的步骤和所需资料如下。

◆ **提交资料**：借款人到本人缴存公积金的公积金管理中心所属管理部申请公积金贷款。选择担保中心要提供担保的借款人，应提交包括担保申请所需材料在内的全部个贷申请所需材料，包括个人及配偶的身份证、户口本、结婚证、离婚证、购房首付款证明资料、购房合同及住房公积金缴存证明等。

◆ **开具审核通知单**：管理部对借款申请初审通过后，开具《担保申请审核通知单》，打印《借款合同》和《抵押（反担保）合同》等相关法律文件，将全部个贷资料交与担保中心。

◆ **审批缴费**：担保中心对担保申请进行审核，借款人符合担保条件的，担保中心将开具《担保申请审批意见书》，然后缴纳担保服务费；委托中介机构代办公积金贷款的，担保申请手续由代办机构负责代理并代收担保服务费。

◆ **传送材料，签署合同**：审核后的个人贷款申请资料，由担保中心转送住房公积金管理部，住房公积金管理部监督指导借款人在《借款合同》和《抵押（反担保）合同》等相关法律文件上签字。这样就完成了公积金贷款申请，然后只管享受社保卡的公积金贷款功能带来的便利即可。

【提示注意】

用户持社保卡购买某些理财产品时，可能会享受到一定的优惠。比如购买银行的理财产品，可能享受理财金卡优惠待遇，并且很多银行都推出了与社保卡相关联的理财产品，让持有社保卡的人真正体验到社保卡带来的理财收益和好处。

3．防范公积金套现的风险

由于公积金给保户们带来的好处越来越明显，所以很多人为了套现公积金，不惜冒着风险，运用各种手段进行套现。

谨防"被结婚"。有的市民买了房子，为了提取自己的公积金，就和某人假结婚，以购房名义提取配偶的住房公积金，利用"克隆结婚证"的手法提取自己的住房公积金。由于公民的婚姻关系涉及隐私，住房公积金管理中心工作人员往往不会甄别夫妻关系的真伪，所以投保人的信息很可能被盗取，导致自己"被结婚"。所以为了防范这样的风险，住房公积金管理中心在办理公积金提取业务时，涉及夫妻关系的问题还是应该核实夫妻关系的真伪性。

不要为了套现公积金而提供虚假异地购房手续。因为一手房都要网上备案，所以很多人将目光瞄准二手房和异地住房，假意购买了二手房或异地住房，提供虚假的购房手续，以此来骗取公积金。这样的做法可能触犯法律，到头来提取的公积金被追回，自己也要承担一定的法律责任。

"套现"一词是指假冒他人名义套取银行现金的意思，本身就是违法违规行为。利用公积金的现有制度漏洞进行诈骗活动，把别人的公积金盗走的，属于严重的违法犯罪行为。中介公司把社保卡持有人的个人信息拿去做了其他用途，造成了持卡人个人信息泄露的风险，也属于违法犯罪行为。制造虚假合同造成个人损失的，也属于犯罪行为。

防范这些法律风险，就要经过正规渠道和方法提取公积金，不要想着走捷径，故意制作假的购房合同和文件，故意伪造、变造、买卖公文、印章、证件以及伪造、变造、买卖机关公文、证件、印章等，都是违法行为，会受到法律的制裁。

10
. PART .

簡単认识
信托

网上选择
信托产品

信托的
法律底线

收益与信用价值双重回报——信托

　　信托和常见的储蓄、股票及债券等一样，也是一种理财方式。但普通投资者很少接触信托，因此对信托的了解少之又少。信托业务是一种以信用为基础的法律行为，一般涉及三方面当事人，即投入信用的委托人、受信于人的受托人及受益于人的受益人。所以，信托同时具有金钱收益和信用价值回报。

🌐 10.1　初识信托

> 信托，顾名思义就是信用委托，信托业务是由委托人依照契约或遗嘱的规定，为了自己或第三者（即受益人）的利益，将财产上的权利转给受托人（自然人或法人），受托人按规定条件和范围，占有、管理和使用信托财产，并处理其收益。

由于信托是一种法律行为，因此在不同法系的国家，其定义有较大的差别。历史上出现过多种不同的信托定义，且时至今日，人们也没有对信托的定义达成完全的共识。

1. 信托的组成

信托有 3 个构成要素，分别是信托行为、信托主体和信托客体。其中信托行为是指以信托为目的的法律行为。信托约定（信托关系文件）是信托行为的依据，即信托关系的成立必须有相应的信托关系文件作保证。信托行为的发生必须由委托人和受托人共同进行约定。另外，信托主体和信托客体比较复杂，下面来具体讲解。

■ 信托主体

信托主体包括委托人、受托人和受益人。除此之外，信托还有其他关联方，比如融资方、银行（保管人）及国家监管机构（银监会）等。

◆ **委托人**：具有完全民事行为能力的自然人、法人或依法成立的其他组织。委托人提供信托财产，确定受益人及受益人享有的受益权，同时指定受托人，并有权监督受托人实施信托。不同监管时期和不同信托产品，对委托人的条件会有一些相关规定。

◆ **受托人**：承担管理和处分信托财产的责任，应是具有完全民事行为能力的自然人或法人。受托人必须恪尽职守，履行有效的管理义务，依照信托文件和法律规定管理和处分信托事务。对于作为受托人的信托公司，监管部门同样规定了许多相关条件。

◆ **受益人**：在信托中享有信托受益权的人，可以是自然人、法人或依法成立的其他组织，也可以是未出生的胎儿。而公益信托的受益人则是社会公众，或者一定范围内的社会公众。

◆ **融资方**：获得信托公司提供的信托募集资金的人或组织，融资方用这些信托资金做投资，到期还本付息。融资方一般为投资公司（基金经理），监管部门同样对融资方的条件也有相关规定。

◆ **银行（保管人）**：根据中国银行业监督管理委员会颁布的相关规定，对信托计划的资金实行保管制。信托计划存续期间，信托公司应当选择经营稳健的商业银行担任保管人。保管人收取保管费，同时肩负安全保管信托财产和监督受托人行为的责任。

◆ **国家监管机构（银监会）**：对每一款信托产品的方方面面进行监督管理。

■ 信托客体

信托客体主要指信托财产，一般来说，信托财产是指受托人承诺信托而取得的财产，或者是因管理、运用和处理该财产而取得的收益性财产。通常也将前者称为信托财产，后者称为信托收益，信托财产和信托收益都是广义的信托财产。

信托财产的特性主要表现为独立性，它与委托人的自有财产和受托人的固有财产有区别，安全性较高；信托设立后，信托财产脱离委托人的控制，由具有理财经验的受托人对其进行有效管理，进而较好地实现信托财产的保值增值；受托人因信托财产的管理、运用或其他情形而取得的财产都归入信托财产，受托人不享有信托财产所有权。

2. 信托和其他理财产品的区别

信托与银行理财产品经常被拿来做比较，因为信托产品的收益要比银行理财产品高很多，并且都是到期兑付预期收益和本金。那么，信托和常见的理财产品有什么区别呢？

■ 信托 VS 银行理财

很多银行的工作人员在接待客户，被客户问及相关的信托产品时，只能很无奈地告诉客户，"有是有，但很快就被抢光了，很难买到"。那么和银行理财产品相比，信托理财究竟有什么不同，会导致如此抢手呢？

（1）从利率方面看，信托理财产品的利率一般要比银行理财产品高，备受投资者追捧。

（2）资金投向方面，信托产品的每一笔资金都有明确的投资方向，而银行理财的资金池很大一部分投向信托产品。

（3）财产清算方面，信托理财具有银行理财不具备的债务隔离功能。根据《信托法》的规定，信托资产具有独立性，不能被抵债、破产、清算和分割，是从委托人、受托人和受益人的财产中独立出来的一笔财产。而银行理财资产、基金和不动产等，一旦发生债务纠纷、法律诉讼纠纷或离婚等纠纷事件，均要被冻结或用来抵债、清算或分割。

（4）专业化程度方面，信托公司是专业的财富管理公司，每一笔投资业务都要独立完成尽职调查、研发和设计产品；而银行核心业务是存款贷款利差，很少主动研发理财产品，基本是用理财产品对接信托、城投债和企业债等，从而赚取利差。因此，在投资专业性上，信托比银行更胜一筹。

（5）投资门槛方面，信托的门槛较高，且分为不同的档次，高档次的可以自由选择产品，但高档次的名额一般有限。而银行理财比较大众化，门槛通常较低。

【提示注意】

信托理财产品的发行主体不是银行，银行只负责代理销售，投资者自己要在购买理财产品时间清楚。很多时候，银行只是以"保管单位"的名义出售信托产品，如果投资者自己不弄清楚，很可能产生误解，造成不必要的经济纠纷。

■ 信托 VS 股票、债券

与股票和债券相比，信托的风险低，每个项目都要尽职调查，信息披露客观公正，必须经过银监会审批才能发行。

信托理财到期拿回本金和收益，可形成持续投资，使得收益成为复利；而且信托的投资方式比较灵活，可以横跨货币、资本和实业这三大领域，也可以是股权和贷款等多种形式灵活运作。

比起股票和债券，信托也有不足的地方，信托产品未满期前，中途不能单独赎回，只可以转移给其他投资者。

■ 信托 VS 保险

信托比保险理财的门槛高，保险产品几百元几千元就可以买，即使是偏重理财的保险产品，其门槛最多也就两三万元。

信托的风险虽然比股票和债券等低，但是其安全性却没有保险高，因为保险公司受《保险法》管制，不得随意破产、分离或合并。另外，在合法情况下，保险有一定的避债避税功能。但是信托与保险相比，也有一定的优势，信托的收益高于保险。

10.2 如何在网上选择信托产品

信托理财与股票、基金和保险一样，除了可以线下购买外，还可以在网上购买。由于信托对很多人来说都还很陌生，所以投资者需要掌握在网上选择信托产品的方法，降低信托投资可能面临的经济损失风险。

1．了解信托公司的信誉度

信托公司的信誉度会影响投资者的投资信心，信誉度良好的信托公司可以让投资者更安心地将自己的财产拿出来做信托理财。因此，投资者选择信托产品时，要了解信托公司的信誉度，尤其是网上购买信托产品，更应该考察信托公司的信誉度，因为网络的虚拟性本身存在安全隐患。

投资者可以进入信托公司的官网，查看该信托公司的基本信息以及信誉度。比如中信信托（http://trust.ecitic.com/）、中投信托（https://www.touzi.com/）、平安信托（http://trust.pingan.com/）、中铁信托（http://www.crtrust.com/）以及四川信托（http://www.schtrust.com/）等。

投资者可以通过"中投在线—信托资管"的官网（https://www.touzi.com/trust/）查看国内很多信托公司的信息，只需选择"信托公司"选项，即可在打开的页面中找到信托公司，如图 10-1、图 10-2 所示。

图 10-1 选择信托公司

中信信托		5星	1988-03-10	**200亿**	央企控股
平安信托		5星	1996-04-02	**69.88亿**	金融机构控股
中融信托	●—[查看]	5星	1987-02-10	**60亿**	央企控股
兴业信托		5星	2003-03-10	**50亿**	央企控股
华信信托		5星	1987-04-03	**33亿**	地方企业控股
爱建信托		5星	1986-08-10	**30亿**	央企控股
渤海信托		5星	1982-10-10	**27.75亿**	央企控股

图 10-2 查看国内的信托公司

投资者了解信托公司的信誉度时，可以考量信托公司的诚信度、资金实力、资产状况、历史业绩和人员素质等各方面因素，从而判断信托公司发行的信托产品是否值得购买。

2．选盈利能力强的信托产品

盈利能力强的信托产品，可以帮助投资者获得高收益。但投资者需要注意，收益率高并不能说明该信托产品的盈利能力强。盈利能力的强弱要结合收益率和风险两方面来评估，收益率高而风险也很高的产品，其亏损的可能性也就高，因此，其盈利能力弱。

盈利能力强的产品，不仅收益率较高，而且其资本增值水平也高，也就是盈利情况比较稳定。

投资者进入不同的信托公司官网，查询各种信托产品的基本信息，包括项目的规模、期限和预计收益率等，综合这些因素判断盈利能力强弱。此外，最直接的办法就是查看信托公司对项目的信息披露文件，如信托产品计划说明书，从说明书中了解该信托产品的盈利能力。

信托产品计划说明书中一般有产品名称、发行规模、预期年化收益率、信托募集账户信息、信托资金用途、风险控制措施和产品收益的分配与计算方式等，从预期年化收益率和风险控制措施等方面分析，可以判断信托产品的盈利能力。

3．查看产品担保情况，估量自身风险承受力

信托的担保是指受托人以自身对财产的所有权担保特定的债务，即融资方通过信托公司向投资者募集资金，并通过将资产（股权）抵押（质押）给信托公司以及第三方担保等措施，保证到期归还本金及收益。

所以，有些信托产品为了增加产品的安全性而进行了担保，一般是连带责任担保。投资者在网上选择产品时可以查看产品的担保情况，有担保的产品，对于投资者来说，其安全性更高，投资更安全。投资者在选择信托理财产品时，还应考察信托项目担保方的实力。一般而言，虽然银行等金融机构担保的信托理财产品收益相对会低一些，但安全系数却较高。

信托公司一般将抵押率控制在 4% ～ 5% 之间，但信托公司只能锁定抵押物本身，不能锁定抵押物的价格和市场变化。所以，虽然不动产抵押担保是信托公司比较理想的担保方式，但是却不是最常使用的担保方式，信托公司操作较多的担保方式是动产抵押。

投资者除了考察信托产品的自身担保问题外，还需考虑自己的风险承受能力。信托投资不是没有风险，只是风险比股票和基金小而已。如果投资者本身是保守型投资者，那么投资信托可能就会在遭受小小的失败打击时就一蹶不振。

因此，投资者在决定是否做信托投资之前，需要评估自己能够承受多大的风险，比如能接受的投资失败率或信托财产亏损率，也就是假设投资了信托产品，在产品亏损到什么程度时就不愿意投资信托产品了。将评估

出来的风险承受力与信托产品的风险相对比，然后选择适合自己的信托产品。

4. 购买信托产品的程序

购买信托产品和购买基金一样，需要一定的程序。线上购买和线下购买的步骤相似，只不过线下购买需要到银行或者相关信托公司办理购买信托产品事宜，而线上购买不需要特地到银行或信托公司办理手续，直接在网上填写资料，通过审核，支付购买金额即可，具体流程如图10-3所示。

1 投资者向信托公司提出购买信托产品的意向，然后选择一款适合自己的信托产品。

2 投资者和信托公司依法签订信托合同，其间信托公司要审核投资者信托财产的合法性，必要的话还要签订担保合同。

3 投资者向信托公司在托管银行开立的专项账户划款，保留交易记录，防止日后产生经济纠纷。

4 信托公司在投资者成功划款后，开始执行信托投资计划，在投资计划实施过程中，投资者和信托公司要保持密切的交流。

5 信托计划到期后，信托公司向投资者返还本金和收益，双方的信托关系终止。

图 10-3 网上购买信托产品的流程

【提示注意】

信托计划成立后，信托公司将在成立后的约定时间内向受益人（投资人）发放受益权证书。投资者拿到受益权证书，可以保证自己在信托计划完成后能收回本金和相应的投资收益。否则，一旦遇到经济纠纷，投资者的利益可能遭受损失。

不同的信托产品，购买流程中的细节也会有一些差异，投资者在具体的购买环节中，按照合同或信托公司工作人员的指示进行操作，一般来说不会出现大的问题或纰漏。

10.3　小心信托触及法律的底线

> 由于信托是一种以信用为基础的法律行为，所以信托投资过程中常常会出现一些法律问题。投资者要想避免信托投资活动触及法律底线，就必须了解信托方面的细节问题，比如信托的财产来源和信托业的潜规则等。

由于信托是一种特殊的财产管理制度和法律行为，同时也是一种金融制度，所以其运营的严格性较高。其受托主体必须是信托公司，也就是说，投资者必须将自己的信托财产指定让信托公司处理，包括财产的管理和投资收益的管理。在这过程中可能会出现下面介绍的一些问题。

1．关注信托财产来源

信托财产具有独立性，它与委托人的自有财产和受托人的固有财产有区别。正是因为其独立性，所以对这部分财产的要求较高，必须要合法。

信托财产既包括有形财产，如股票、债券、物品、土地、房屋和银行存款等，也包括无形财产，如保险单、专利权商标和信誉等，甚至包括一些自然权益（如人死前立下的遗嘱为受益人创造了一种自然权益），也就是说，已故人士的遗嘱也可作为信托财产参与信托投资活动。

我国法律和行政法规禁止流通的财产不得作为信托财产，而法律和行政法规限制流通的财产依法经有关主管部门批准后，才可以作为信托财产。那么哪些财产在作为信托财产时会受到限制或禁止呢？

■ 专属国家所有的财产

矿藏和水流等禁止买卖、出租、抵押或以其他方式非法转让。委托人只能将这类国家专有财产的某些权利作为信托财产，如依法取得的采矿权和水资源使用权等，可以作为信托财产。

■ 非专属国家所有，但在流通领域受到一定限制的财产

虽然非专属国家所有的财产在一定程度上使用比较自由，但是其在流通领域可能会受到一定的限制，这样的财产有如下一些。

◆ 土地、森林、山岭、草原、荒地、滩涂和水面等自然资源，可以转让其使用权，但却不能转让其所有权。换句话说，这些自然资源的使用权可以作为信托财产进行信托投资活动。

◆ 军用武器、弹药、毒品和麻醉药品等，这类财产的生产、流通、使用甚至保管，都得依照法律进行，不得随意私自买卖。因此其不能作为信托财产用于信托投资。

◆ 黄金，包括金条、金粉、金块、金铸币和金制品等，都只能由国家规定的专营单位经营，自然人之间不得买卖。所以个人投资者不能将自己手中的黄金作为信托财产交给信托公司做信托投资。

◆ 国家对文物实行保护管理，依法属于国家所有的文物，任何人不得据为己有。自然人依法可以持有某些文物，但如果想要出售，必须卖给国家指定的收购单位，不得私自交易。一般来说，国家严禁将文物走私或私自卖给外国人。因此，文物不能作为信托财产投入到信托投资活动中。

◆ 黄色淫秽的书刊、磁带、录像带和光盘等，国家禁止这类物品的流通转让。在某种程度上来讲，这些东西还不能称之为财产，所以就不能作为信托财产的来源。

投资者只有明确信托财产的范围，了解不能作为信托财产进行信托投资活动的财产类型，才能规避其中的风险，防止触及法律底线。

2．信托收益并不保底

很多人认为，信托的安全性高，并且收益较稳定，所以潜意识里面就将信托看成是一种可以保底的投资方式。其实不然，信托投资也存在一定的风险，投资者的信托财产在投资过程中也可能遇到亏损的情况。

金融有风险是很正常的，投资者除了要清楚信托收益并不保底的事实外，更重要的是配合信托公司降低信托投资风险或化解风险。这样一来，信托收益自然就比较理想，投资者才能真正达到保底的目的。

对于目前的信托行业来说，建立行业风险转移、释放和化解机制应该是行业风险控制中的最大课题。中国信托业在转型的十字路口，需要的不仅是打开业务领域的空间，同时还需要有风险监控、缓冲、化解和缓释等相适应的制度安排。

目前，许多公司尝试信托产品的基金化运作，这一方式可以在一定程度上缓解信托产品刚性兑付（该知识将在第 3 小节具体介绍）带来的压力。此外，在信托产品的流动性和风险转移等方面，仍需要相应的制度安排或创新，如此才能守住风险底线。

守住风险底线也是控制信托投资风险的一种重要手段，信托投资风险控制好了，其收益才有保障，投资者才能真正体验到"保底"的信托投资。

3．信托业不成文的"潜规则"——刚性兑付

刚性兑付是指信托产品到期后，信托公司必须分配给投资者本金以及收益，当信托计划出现不能如期兑付或兑付困难时，信托公司需要兜底处

理。但事实上，我国并没有哪项法律条文规定信托公司必须进行刚性兑付，这只是信托业一个不成文的规定。

刚性兑付似乎让信托业打破了投资界"收益高、风险高"的规律，成为"高收益、低风险"的代名词。"刚性兑付"帮助了信托公司招揽了大量的客户，但是也给信托公司带来了巨大的压力。但是为什么信托公司还愿意顶着这些压力，承担风险，确保刚性兑付呢？

■ 信托牌照的珍贵性让信托公司不敢违约

任何一家信托公司都不希望成为一个违约的信托公司，因为违约很可能被监管层吊销牌照，从此就再也不能从事信托行业。而信托公司又要以"刚性兑付"来吸引客户，所以信托公司才硬着头皮，担着风险，严格完成刚性兑付的承诺。

■ 为了维持市场经济秩序，防止信托业信用危机

目前，信托业的规模已经非常庞大，投资人的信心都建立在刚性兑付的基础上。风险意识的缺失促使很多投资者通过四处借贷甚至变卖家产来认购信托产品，一旦发生违约，必将引发市场恐慌，而信托业的信用危机就会随之而来，信用危机甚至可能冲击实体经济发展。一旦产生这样的结果，信托公司会负很大的责任，牌照被吊销，失去客户的信任，甚至导致公司在经济市场中消失。

所以，信托公司一旦向投资者承诺了刚性兑付，信托投资活动到期时又无法向投资者支付本金和收益，那么监管层将介入信托投资活动，而信托公司很可能就因此触及了法律底线。

除了上述提到的信托公司因为"刚性兑付"而违约将触及法律底线外，有些不正规信托公司的经营活动也会触及法律底线。

◆ **没有信托行业的相关执照**：有些信托公司虽然在做信托业务，但

是却没有信托行业的相关执照，这肯定是不合法的。

◆ **空壳信托公司卷款消失**：有些信托公司虽然没有执照，但还不至于卷款潜逃。而有的信托公司，从成立开始就策划着骗取投资者的财产，钱到手后就卷款消失，这也是触及了法律底线的行为。

◆ **夸大收益吸引投资者**：信托业的要求本身是比较严格的，讲究的就是实事求是，所以信托公司的"刚性兑付"才会显得特别有压力。但是如果信托公司故意夸大信托投资的收益率吸引投资者，最后导致投资者财产受到严重损失，这样的行为也触犯了法律。

◆ **假冒别人名义成立信托公司**：有的信托公司假借一些著名信托公司的名义成立"分公司"，借以获得投资者的信任，从而获得投资者的信托财产，即使最后按合约规定将本金和收益支付给了投资者，但这也改变不了该行为触犯法律的事实。

另外，作为投资者也可能触及信托方面的法律底线，比如冒名将别人的财产作为自己的财产进行信托投资，或者冒名领取了别的投资者的信托财产本金和收益等。

【提示注意】

房地产信托的风险较高，最常见的是一种叫作"马甲信托"的信托计划。它是指一些开发商用旗下的 A 项目融来的资金归还 B 项目的信托计划。简单说就是"拆了东墙补西墙"。一旦发生兑付危机，风险将是巨大的。投资者在投资之前可以询问信托经理人或销售人员该项目是否按照房地产信托的监管程序事前报备，并要求信托经理人书面承诺。还可查问信托资金真实用途是不是房地产或主营房地产的公司。投资者对认购信托的过程录音录像，如有被销售人员或信托公司"忽悠"的情况，日后可作为投诉或诉讼的依据。投资房地产信托产品，应在房地产市场局势稳定的情势下进行。

·11·

.PART.

贵金属
理财

外汇投资
聚敛财富

冒险家的
期货投资

其他理财方式——贵金属、外汇和期货

　　各类理财产品争奇斗艳，除了债券、股票、保险和 P2P
借贷以外，还有一些普通投资者不常运用的理财工具，如贵
金属、外汇和期货等。这些理财工具的风险很高，并且投资
过程需要掌握比较专业的技术，否则投资很难成功。因此这
些理财工具可作为投资者学习或投资的参考。

🌐 11.1 投资新主张——赢在贵金属理财

> 贵金属主要指金、银和铂族金属（钌、铑、钯、锇、铱、铂）等8种金属元素。而常见的贵金属理财就是黄金和白银，贵金属理财受欢迎的原因之一就是其保值增值的功能。但投资者投资贵金属也要注意，其也有亏本的风险。

1. 贵金属投资的种类

贵金属投资分为实物投资、带杠杆的电子盘交易投资以及银行类的纸黄金和纸白银。其中实物投资是指投资人在对贵金属市场看好的情况下，低买高卖赚取差价的过程，也可以是在不看好经济前景的情况下采取的一种避险手段，以实现资产的保值增值。

电子盘交易指根据黄金和白银等贵金属市场价格的波动变化，确定买入或卖出。这种交易一般都存在杠杆，可用较小的成本套取较大的回报。

纸黄金和纸白银则是一种凭证式的贵金属投资方式，投资者按银行报价在账面上买卖"虚拟黄金"或"虚拟白银"，通过把握国际金价或国际银价走势低吸高抛，赚取黄金或白银价格的波动差价。

而投资者在投资贵金属之前要先了解贵金属的类型。那么贵金属投资具体有哪些种类呢？如表11-1所示。

表11-1　贵金属投资的细分种类

种类名称	内容
现货黄金	指虚拟的账面交易，不进行实物交割，存折上反映黄金的克数，只是一种记账符号，不能提取实物黄金

种类名称	内容
实物黄金	指实实在在的黄金交易，比如金币和金条等。实物黄金可以在购买后存到银行的保险箱，避免放在家中被偷或丢失
黄金期货	指以国际黄金市场未来某时点的黄金价格为交易标的的期货合约，投资者与销售者在合同到期日前，都出售和购回与先前合同相同数量的合约，无需真正交割实物黄金。每笔交易所得利润或亏损，等于两笔相反方向合约的买卖差额。这种买卖方式就是人们通常所称的"炒金"
黄金 T+D	指由上海黄金交易所统一制定的，规定在将来某一特定的时间和地点交割一定数量标的物的标准化合约。转移价格波动风险的生产经营者和承受价格风险而获利的风险投资者，在交易所内依法公平竞争，这一方式有保证金制度的保障
铂金和钯金	一般来说，铂金和钯金的投资是实物投资，进行具体的铂金和钯金的买卖，但也有铂金和钯金的期货投资
白银投资	白银投资的种类与黄金类似，有现货白银、实物白银、白银期货和白银 T+D 等

除此之外，市场上还有一些特定称呼的贵金属投资品种，比如伦敦金和天通金等。伦敦金是由伦敦国际金融期货交易所提供的一种交易产品，是存放在伦敦城地下金库里的 99.5% 纯度的 400 盎司金砖。而天通金原指津贵所黄金延期交收交易品种，现指津贵所黄金现货品牌。

2．必须掌握的贵金属价格四大分析法

贵金属的价格是不断波动的。为了更好地预测贵金属的价格，以便获取贵金属投资收益，投资者需要掌握一定的贵金属价格分析法。

◆ **供求分析法**：分析贵金属的供给和需求对价格的影响。该分析法的分析基础是贵金属的商品属性，因为商品属性对贵金属价格起着主导作用，不同的商品属性对贵金属价格的影响不同，所以该方法不适用于所有背景条件下的贵金属价格预测。

◆ **基本因素分析法**：该方法考虑影响贵金属价格的诸多因素。在对贵金属价格长期走势的分析中，主观成分较多，因此只适合用作定性分析，不能具体量化分析贵金属价格。

◆ **价格走势分析法**：该方法应用的是历史价格数据，其逻辑基础存在缺陷，因此仅能用于中短期的贵金属价格分析。价格走势分析法又分为技术走势分析和时间序列分析，技术走势分析的缺点是难以预测贵金属价格的涨跌幅度；而时间序列分析则运用科学的数学方法建立模型，预测并确定贵金属的市场价值。

◆ **统计模型分析法**：该方法以基本因素分析法为基础，对贵金属价格与各种经济因素及非经济因素之间的关系进行假设，然后利用统计分析的方法建立出数学统计模型，并利用历史曲线进行模拟和验证。一个科学的统计模型对短期贵金属价格的走势预测效果更精准，而统计模型分析法不适合长期贵金属价格的走势预测。

3．贵金属分时图实战技巧

贵金属在整个证券市场中占据一个大板块，在进行贵金属投资活动过程中，投资者需要时刻关注贵金属的分时图走势，了解贵金属的实时价格，从而做出贵金属买卖决策。下面以在通达信炒股软件中进行贵金属分时图的走势分析为例，讲解如何进入分时图并进行分析。

启动并登录通达信软件，在主界面中直接手动输入"现货黄金"关键字，双击"现货黄金"选项，如图 11-1 所示。

图 11-1　输入"现货黄金"关键字

在打开的界面中即可看到国际贵金属的价格走势图（用户需事先设置界面显示为"分时图"，否则界面将显示近期价格趋势图），如图 11-2 所示。

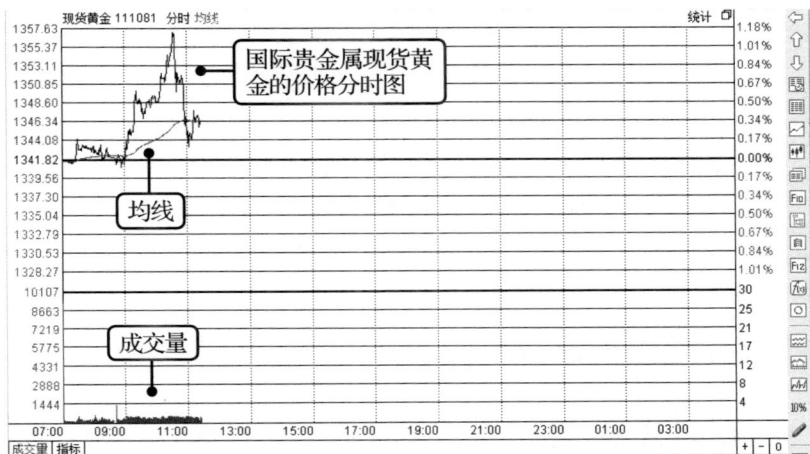

图 11-2 2016 年 7 月 4 日 07:00 ~ 11:25 现货黄金价格分时图

进入如图所示的界面，投资者即可对分时图进行分析。图中，价格走势曲线的下方有一根线，称为"均线"，在界面最下方还有实时成交量。现货黄金价格在 10:00~11:00 之间急剧下跌，但随后又开始上涨，并突破了均线，说明多方势力相对较强，对价格的支撑作用明显。同时，成交量相对稳定，没有出现天量，说明市场看跌或看涨的人群几乎持平，价格不会出现较大变化，因此预测后市现货黄金的价格在均线之上，并且保持小幅增长的趋势，很可能进入水平调整区。事实上，其价格走势正如预测的一样，如图 11-3 所示。

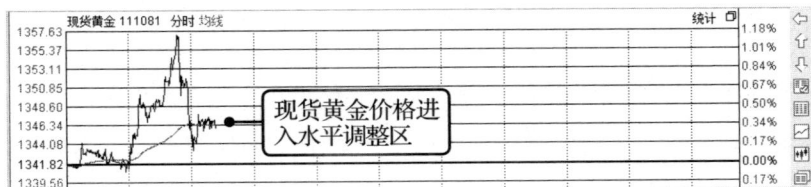

图 11-3 2016 年 7 月 4 日 11:20 后现货黄金价格水平调整

🌐 11.2 聚敛财富的新工具：外汇投资

> 外汇投资是指投资者为了获取投资收益而进行的不同货币之间的兑换行为，借以清偿国际间债权债务关系。外汇投资的风险大，但风险可控，操作灵活，杠杆比率大，收益很高。

1. 开通外汇账户的流程

外汇投资和股票投资一样，需要先注册开通相应的交易账户，然后才能在自己的账户中进行外汇买卖。那么，个人开通外汇账户需要走哪些程序呢？

首先，投资者需要到开户行填写开户申请表格，同时提交开户证件，包括个人身份证明和家庭住址证明，此外，不同银行还要求投资者提供相应的资料。

然后，银行会审核投资者提供的开户资料，确保投资者提供的资料真实可靠并且合法。

最后，银行通过审核，通知投资者外汇账户开通成功，并告知投资者外汇账户的账号。投资者需要注意的是，外汇账户开通后，需要在 12 小时内激活账户，否则投资者还是不能使用账户进行外汇交易。

事实上，外汇账户有很多种，按主体类别可分为境内个人外汇账户和境外个人外汇账户（境内个人外汇账户和境外个人外汇账户境内划转按跨境交易进行管理）；按账户性质可分为外汇结算账户、资本项目账户和外汇储蓄账户。不同的外汇账户，在开通流程中需要注意重要细节。

如果个人开通外汇结算账户，还需要进行工商登记或办理其他执业手续；而外汇储蓄账户的开立比较简单，只需凭借本人有效身份证件即可办理，但外汇储蓄账户的收支范围为非经营性外汇收付、本人或与其直系亲属之间同一主体类别的外汇储蓄账户间的资金划转。

境内个人从事外汇买卖等交易，应依法取得相应业务资格，投资者只需在境内金融机构办理。境外个人在境内直接投资时，经外汇局核准，可开立外国投资者专用外汇账户，账户内资金经外汇局核准后可以办理结汇。直接投资项目获得国家主管部门批准后，境外个人可将外国投资者专用外汇账户内的外汇资金划入外商投资企业资本金账户。

【提示注意】

个人购汇提钞或从外汇储蓄账户中提钞，单笔或当日累计在有关规定允许携带外币现钞出境金额以内的，可在银行直接办理；单笔或当日累计提钞超过规定金额的，需要投资者凭本人有效身份证件和提钞用途证明等材料事先向当地外汇局报备。

2．外汇行情分析神器：博易大师

外汇交易是一个 24 小时全天交易市场，所以外汇的行情也是 24 小时实时变化的。外汇投资一项重要的工作就是分析行情，目前投资者使用最多的行情分析工具是"博易大师"。

博易大师这一外汇行情分析软件是上海澎博财经资讯有限公司（http://www.pobo.net.cn/）开发的，在期货公司网上交易领域取得了约 97% 的市场覆盖率。

投资者可在上海澎博财经资讯有限公司的官网上下载博易大师，安装成功后即可登录账户，然后对外汇行情进行分析。

博易大师和一般的股票软件一样，有行情数据图（最新价、现手、买卖价、买卖量、涨跌、持仓量、仓差、结算价、开盘价、最高价、收盘价和昨结等数据）、分时图和K线图。与众不同的是博易大师还有新闻界面，帮助投资者实时了解外汇市场的整体动向和消息，如图11-4所示。

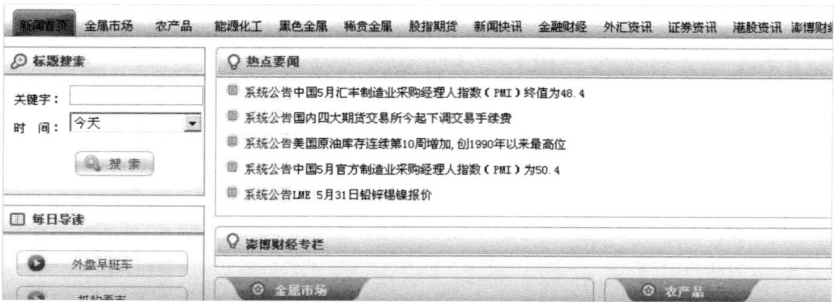

图 11-4　博易大师软件的新闻界面

在博易大师软件中，投资者可以使用"商品叠加"的手法，在同一界面显示多个品种，轻松对比不同外汇产品的行情，帮助投资者选择最具潜力的外汇产品，如图11-5所示。

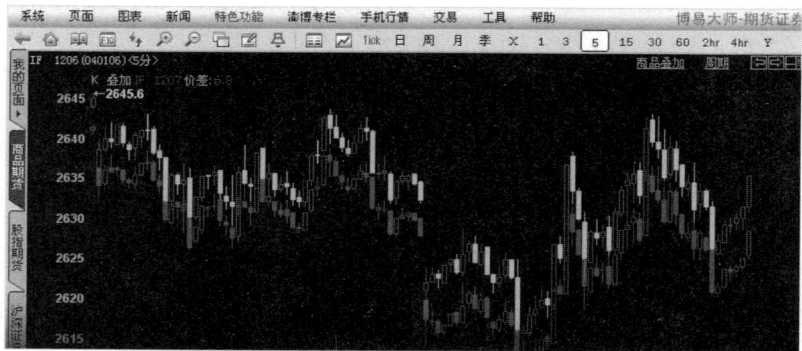

图 11-5　博易大师软件中的K线图行情叠加对比

不仅K线图能够进行行情叠加对比，不同外汇产品的分时图也能进行叠加对比。另外，投资者在博易大师软件中还可以进行套利分析，包括差价套利分析和比价套利分析。

差价套利分析研究两个品种之间的差价，一般所选两个品种的货币单位是相同的；而比价套利分析研究两个品种之间的比价，一般所选两个品种的货币单位不同。

博易大师为了方便投资者的操作，还提供了一些小功能，比如可在报价页面和行情数据栏中，将买一卖一数据进行放大，方便投资者实时盯盘观看；投资者还可以将外盘的外汇品种价格换算成以人民币报价形式显示。

3. 认清外汇实盘交易和虚盘交易

实盘交易和虚盘交易是外汇交易的两种方式，两种交易方式有自己的特点，并且对于投资者来说，两种方式的风险有所不同。投资者要想顺利进行外汇交易并获取收益，最应该做的事情就是了解两种交易方式的区别。

■ 实盘交易

外汇实盘交易又称外汇现货交易。实盘交易即银行的外汇宝之类的交易类型，可通过开设银行账户进行交易。实盘交易要求投资者持有的外汇达到一定数额才能做相应金额的交易，完成交易后即持有另一货币，因此它除了提供利用汇率波动赚取差价的机会外，还可满足投资者的兑换需求。

凡持有有效身份证件，拥有完全民事行为能力的境内居民，具有一定金额的可自由兑换外汇（或外币），均可在国内的商业银行开设户头，进行外汇实盘交易。选择电话或互联网方式开户的投资者，可能需要办理相关的手续或下载相关操作软件。

外汇实盘交易的每笔最低交易金额一般为 100 美元或等值外币，没有最高限额。部分商业银行为了吸引客户，可能会给出更低的单笔交易金额。

新手投资者进行外汇实盘交易时，可以参考使用一些技巧，具体如下。

◆ 为了提高个人实盘外汇买卖的投资效果，投资者应具备金融学、货币银行学及经济学等相关方面的知识，特别是对外汇和外汇市场要有基本认识。

◆ 把握外汇汇率的走势，正确运用有关的经济金融理论知识，结合可获得的各种市场信息，对外汇走势进行基本面分析，同时结合利用技术分析对汇率走势进行综合判断。实盘外汇投资绝不能单凭感觉，更不能有赌博心理。

◆ 在进行个人实盘外汇买卖的过程中，若市场汇率向不利于投资者的方向变化，使投资者面临较大的汇率波动风险，投资者应及时设定止损价位，并在此价位及时平仓，以防止损失进一步扩大。

◆ 由于外汇汇率变化莫测，投资者进行个人实盘外汇买卖有可能获得利润也有可能遭受损失，这取决于投资者对外汇市场行情的判断是否正确。所以实盘外汇买卖中，投资者自行决策，自担风险。

■ **虚盘交易**

外汇虚盘交易又称外汇保证金交易，就是投资者用自有资金作为担保，从银行或经纪商处提供的融资放大来进行外汇交易，即放大投资者的交易资金。也就是说，投资者只用缴纳一定保证金后便可与交易商拟定交易合约，进行 10~400 倍的融资。融资的比例大小，一般由银行或经纪商决定，融资的比例越大，客户需要付出的资金越少。

由于虚盘交易放大了投资者的交易资金，因此虚盘投资者所承担的风险和可得的盈利也会相应放大。

【提示注意】

外汇虚盘交易实质上是一种合约形式的外汇交易，对某种外汇的某个价格做出书面或口头承诺，等待价格变动做出买卖结算，投资者从差价中获取利润。

11.3 冒险家的理财之道：期货投资

> 期货投资是相对于现货交易的一种交易方式，通过在期货交易所买卖标准化期货合约而进行的交易。期货交易的对象并不是商品（标的物）本身，而是商品的标准化合约，即标准化的远期合同。其风险较高，但收益非常可观，所以是"冒险家"的首选理财产品。

1. 期货的交易流程

期货交易的规则和一般现货交易等有许多异同之处，所以踏入期货市场首先要了解期货交易的一般流程。

第一步，期货交易者（投资者）在经纪公司办理开户手续，包括签署一份授权经纪公司代为买卖合同和缴付手续费的授权书，经纪公司获此授权后，就可根据合同的条款，按照投资者的指标办理期货的买卖。

第二步，经纪人接到投资者的订单后，立即用电话、电传或其他方法迅速通知经纪公司驻交易所的代表，代表将收到的订单打上时间图章，随即送至交易大厅内的出市代表手中。

第三步，场内出市代表将投资者的指令输入计算机进行交易，每一笔交易完成后，场内出市代表将交易记录通知场外经纪人和投资者。

第四步，当投资者要求将期货合约平仓时，要立即通知经纪人，由经纪人再通知驻交易所的交易代表，通过场内出市代表将该笔期货合约进行对冲，同时通过交易电脑进行清算，并由经纪人将对冲后的纯利或亏损报表寄给投资者。若投资者在短期内不平仓，一般在每天或每周按当天交易所结算价格结算一次。若账面出现亏损，投资者需暂时补交亏损差额；若有账面盈余，则经纪公司补交盈利差额给投资者。直到投资者平仓时，再结算实际盈亏额。

2．期货交易策略

交易者在完成市场分析后，就要选择入市点和出市点的时机。选准时机才可能赚钱，而选择时机的方法常被称为交易策略，具体内容如下。

◆ **突破信号的策略**：若投资者可以买卖多张合约，则可以拿一些合约来在突破信号发生之前预先入市，剩下的在突破信号发生后市场反弹或反扑时入市。预先入市的好处是如果突破真的发生了，投资者可以以较低价位占据有利地位，但其交易失败的风险也相对较大。而突破时或突破后入市，其成功率大，但入市价位高。所以，投资者手中的头寸多时可以在突破发生前开立一点小头寸，突破发生时添一点头寸，突破发生且市场调整跌回后再追加一点头寸；但投资者手中头寸少时最好还是突破发生后入市。

◆ **趋势线策略**：趋势线起支撑或阻挡作用，投资者可以将趋势线作为出入市的信号，在主要的上升趋势线上侧买入，或在主要的下降趋势线下侧卖出。

◆ **回调百分比的利用**：上升趋势中的向下调整常常回调到之前上涨幅度的 30%~60% 之间。比如，投资者可以在牛市突破后回调到30% 的地方买入，或者在下降趋势中，价格向上反弹到 60% 左右时卖出。

◆ **价格跳空策略**：在期货价格上升趋势中，若是向下跳空，通常起支撑作用。当价格回到跳空上边缘或者跳空内部时，投资者可以买入期货，并将止损点设置在跳空点下方；反之，当价格跌到向上跳空的下边缘，或跌到跳空内部时，则投资者需要果断卖出，再把止损点设置在跳空点上方。

这里只是列举了部分典型的期货交易策略，还有很多交易策略值得投资者学习和发现，投资者根据自身情况选择合适策略进行期货交易。

3. 期货理财的重头戏：股指期货套期保值交易

股指期货套期保值是指以沪深 300 股票指数为标的的期货合约的套期保值行为，其主要操作方法与商品期货套期保值相同，也就是在股票现货和期货两个市场进行反转操作。

股指期货套期保值交易就是买入（卖出）与股票现货市场金额相当或相近，但交易方向相反的股指期货合约，以期在未来某一时间通过卖出（买入）期货合约来补偿股票现货市场价格变动所带来的实际价格风险。

套期保值又分为买入套期保值和卖出套期保值。买入套期保值是指通过期货市场买入股指期货合约，以防止因股票现货价格上涨而遭受经济损失的行为；卖出套期保值则指通过期货市场卖出股指期货合约，以防止因股票现货价格下跌而造成经济损失的行为。

根据投资者的风险偏好，可将期货的套期保值交易分为积极套期保值和消极套期保值。积极套期保值通常以收益最大化为目标，预测股票未来走势，有选择地通过股指期货套期保值来规避市场系统性风险。当系统性风险释放后，在期货市场上将期货头寸平仓交易，不进行对应反向现货交易。

消极套期保值的目标是风险最小化，适合保守型理财人群，主要是在期货市场和现货市场进行数量相等、方向相反的操作，通过套期保值获取利润不是该类投资者主要的追逐目标。

4. 你不得不掌握的期货投资风险防范

期货投资的风险比股票投资的风险还大，因此很多人都不会选择期货投资，但是也有一部分风险偏好者喜欢通过期货投资获取丰厚收益。所以，期货投资风险的防范必须要清楚，否则很可能遭受巨大的经济损失。

◆ 严格遵守期货交易所和期货经纪公司的一切风险管理制度。

◆ 投资的资金和规模必须正当且适度，如果资金渠道有问题，一旦周转出现问题，势必影响交易；而如果交易规模失当，盲目下单或过量下单，会使投资者自己面临巨大的财务风险。

◆ 清楚自己的风险承受能力，量力而行，不要超出自己的风险承受力而过分追求高收益；规范投资行为，决策的执行比判断更重要，交易频率不要过高，要拟订风险管理计划，投资者自己掌握交易主动权。

◆ 等待时机的过程中要时刻保持耐心，看见上涨不要着急忙慌地买进，看见下跌也不要恐慌就着急卖出，一定要在看准信号后果断做出买卖决策，以免延误时机。

◆ 根据自己的条件（资金、时间和健康等），培养良好的心理素质，不断充实自己，逐步形成科学合理的投资战略。比如投资组合的设计、多种备选方案的准备及风险规避等。

◆ 投资者要关注期货市场的信息，逐步培养分析能力，认清形势，筛选并掌握有价值的信息。同时还要时刻注意市场的变化，提高自身的反应灵敏度。要清楚，期货投资过程中的每一个环节都有风险，所以投资者做期货投资一定不能掉以轻心。

读 者 意 见 反 馈 表

亲爱的读者：

感谢您对中国铁道出版社的支持，您的建议是我们不断改进工作的信息来源，您的需求是我们不断开拓创新的基础。为了更好地服务读者，出版更多的精品图书，希望您能在百忙之中抽出时间填写这份意见反馈表发给我们。随书纸制表格请在填好后剪下寄到：北京市西城区右安门西街8号中国铁道出版社综合编辑部 张亚慧 收（邮编 100054）。或者采用传真（010-63549458）方式发送。此外，读者也可以直接通过电子邮件把意见反馈给我们，E-mail地址是：lampard@vip.163.com。我们将选出意见中肯的热心读者，赠送本社的其他图书作为奖励。同时，我们将充分考虑您的意见和建议，并尽可能地给您满意的答复。谢谢！

所购书名：_____

个人资料：

姓名：_____ 性别：_____ 年龄：_____ 文化程度：_____

职业：_____ 电话：_____ E-mail：_____

通信地址：_____ 邮编：_____

您是如何得知本书的：

□书店宣传 □网络宣传 □展会促销 □出版社图书目录 □老师指定 □杂志、报纸等的介绍 □别人推荐 □其他（请说明）_____

您从何处得到本书的：

□书店 □邮购 □商场、超市等卖场 □图书销售的网站 □培训学校 □其他

影响您购买本书的因素（可多选）：

□内容实用 □价格合理 □装帧设计精美 □带多媒体教学光盘 □优惠促销 □书评广告 □出版社知名度 □作者名气 □工作、生活和学习的需要 □其他

您对本书封面设计的满意程度：

□很满意 □比较满意 □一般 □不满意 □改进建议

您对本书的总体满意程度：

从文字的角度 □很满意 □比较满意 □一般 □不满意

从技术的角度 □很满意 □比较满意 □一般 □不满意

您希望书中图的比例是多少：

□少量的图片辅以大量的文字 □图文比例相当 □大量的图片辅以少量的文字

您希望本书的定价是多少：

本书最令您满意的是：

1.

2.

您在使用本书时遇到哪些困难：

1.

2.

您希望本书在哪些方面进行改进：

1.

2.

您需要购买哪些方面的图书？对我社现有图书有什么好的建议？

您更喜欢阅读哪些类型和层次的理财类书籍（可多选）？

□入门类 □精通类 □综合类 □问答类 □图解类 □查询手册类 □实例教程类

您在学习计算机的过程中有什么困难？

您的其他要求：